Verhindern Sie Gewalt

Über 100 Anregungen zur Deeskalation

BaER®-sch Deutschland

Deeskalation, Gewaltprävention und Coaching

Tim Bärsch

Bibliografische Information der Deutschen Nationalbibliothek
Die Deutsche Nationalbibliothek verzeichnet diese Publikation in der Deutschen Nationalbibliografie; detaillierte bibliografische Daten sind im Internet unter http://dnb.d-nb.de abrufbar.

Herstellung und Verlag: Books on Demand GmbH, Norderstedt
ISBN 9783839109489

BaER®-sch Deutschland
Bewältigung **a**ggressiver **E**motionen und **R**eaktionen
Deeskalation, Gewaltprävention und Coaching
Geschäftsführung: Tim Bärsch
Internet: http://www.baer-sch.de
Epost: kontakt@baer-sch.de

Inhaltsverzeichnis

Vor-denken

Eines Tages verstreute Schlau-Hein Brotkrumen um sein Haus. „Was tust du da?", fragte ihn ein Freund, der gerade vorbei kam. „Ich halte Elefanten von meinem Hause fern", erklärte Schlau-Hein. „Aber wieso denn?", fragte der Freund, „in dieser Gegend gibt es doch gar keine Elefanten." Schlau-Hein nickte: „Da kannst du mal sehen, wie zuverlässig mein Mittel wirkt."

Wir wissen **nicht** zu 100 %, ob eine Deeskalationstechnik funktioniert oder in der Vergangenheit wirklich funktioniert hat. Vielleicht wollten die anderen Menschen gar keinen Streit und es wäre „nie" zu einer Eskalation gekommen. Wir haben keine Parallelwelt oder Kontrollgruppe, um zu vergleichen, was geschehen wäre, wenn die Person anders reagiert hätte. Es geht hier um das Gefühl, dass vorher eine Bedrohung da war und durch ein bestimmtes Verhalten abgewendet wurde. Auch wenn eine Deeskalationstechnik einmal funktioniert hat, heißt es nicht, dass sie immer funktioniert. Jede Situation ist anders, deshalb sollte dementsprechend die Deeskalation angepasst sein. Mit bestimmten Ideen, z.B. den im Buch beschriebenen, erhöhen Sie die Wahrscheinlichkeit, die unangenehme Lage zu meistern. Wie bei allen zwischenmenschlichen Beziehungen ist die Grund-*haltung* den Menschen und der Situation gegenüber entscheidend. Dazu mehr in einigen Kapiteln.

Alle beschriebenen Techniken sind für mich nachvollziehbar und meistens sinnvoll. Diese sind in bester Absicht geschrieben, aber auch ohne Gewähr. Ich übernehme die Verantwortung für das, was ich geschrieben habe und wie ich es meine, nicht aber für das, wie Sie es lesen, interpretieren und ausleben.

<u>Die Begriffe **„Kreativität"** und **„Deeskalation"** werden in diesem Buch oft vorkommen:</u>

Kreativ (lat. Creare = erschaffen, hervorbringen) bezeichnet man im Allgemeinen die Fähigkeit zu schöpferischem Denken und Handeln. Und um Kreativität geht es bei dem Akt der Kommunikation und damit auch bei der Deeskalation.

Deeskalation ist das Gegenteil von Eskalation. Es bedeutet den stufenweisen Abbau von Gewalt, das Verhindern von schädigenden Konflikten und sich aufschaukelnden Prozessen. Der Deeskalation dienen nicht-aggressive Wortwahl und Verhaltensweisen. Wir unterscheiden hier die Eigendeeskalation, wenn Sie für sich deeskalieren und die Fremddeeskalation, wenn die Situation zwischen anderen Personen eskaliert und Sie eingreifen. Durch frühzeitiges und entschlossenes Eingreifen bei sich anbahnenden Konflikten kann in vielen Fällen eine gewalttätige Eskalation vermieden werden. Es ist notwendig (und *Not*-wendend), bereits bei ersten Gewaltausbrüchen deeskalierend einzugreifen.

Dieses Buch soll verschiedene Ideen vermitteln, wie Sie in einer Gewaltsituation reagieren könnten. Unter Stress können Menschen nicht klar denken. Deshalb hilft es auch nicht, einen „perfekten" Plan für aggressive Situationen zu haben, besonders weil jede Situation ein bisschen anders ist. Es ist meiner Meinung nach sinnvoll, die Ansätze zu kennen und einige davon in Rollenspielen oder wenigstens im Kopf durchgespielt zu haben. Je mehr **Wahlmöglichkeiten** Sie in der Situation haben, desto besser sind Ihre Chancen, zu-*frieden* aus dieser hervor zu gehen. In der Situation selbst sollten Sie mehr auf Ihren Bauch als auf Ihren Kopf hören. Dazu mehr in einigen Kapiteln dieses Buches. Lassen Sie Kopf, Bauch und Hand zusammenarbeiten!

<u>Wichtig:</u>
Dieses Buch ist **keine** Anleitung nach dem Motto:
„So machen Sie es richtig!"
(weil ich, der Autor, <u>immer</u> weiß, was richtig ist. - Im Gegenteil: Ich hätte sogar ein viel dickeres Buch über „Kreative Eskalationstechniken" schreiben können.)

Dieses Buch soll Beispiele aufführen, Theorien beschreiben, Ideen vermitteln und zum Nachdenken anregen. Einige Punkte hätten ausführlicher und genauer beschrieben werden können. Ich möchte Ihnen aber <u>nicht</u> mein **verdautes Wissen** auftischen, <u>sondern</u> Ihnen **kleine Appetithappen** servieren. Diese können Sie dann selbst probieren und verdauen. Sehen Sie also dieses Buch als riesige Tafel mit vielen kleinen Happen zum Thema Deeskalation. Es werden Ihnen nicht alle gleich gut schmecken. Das sollen sie auch gar nicht. Wenn Sie sich über einige Punkte Gedanken machen, ist das Ziel dieses Buches für mich erreicht.

<u>**Sonstiges:**</u>

- Liebe **Leserinnen**, bitte fühlen Sie sich auch angesprochen, wenn ich im Folgenden nur die männliche Form verwende. Der einzige Grund dafür ist die bessere Lesbarkeit und sprachliche Einheitlichkeit. Sogar beim „Gegenüber" benutze ich das Personalpronom „er", weil „es" für mich sachlich und nicht menschlich ist.

- Wörter, auf deren **Stamm** und deren **Bedeutung** ich besonders hinweisen möchte, habe ich durch einen Bindestrich getrennt und verbunden.

- Dieses Buch kann als **Vertiefung** zu dem Buch „Kommunikative Deeskalation" von Marian Rohde und mir genutzt werden. Einige Fakten sind natürlich so grundlegend, dass sie in diesem Buch auch kurz angesprochen werden.

- Sätze oder Wörter, **kursiv** und in **Klammern** geschrieben, sind für das Verständnis des Textes nicht wichtig. Sie spiegeln meist meinen Humor wieder. *(Manchmal können Sie ihn vielleicht nicht verstehen oder nicht nachvollziehen. Ist nicht schlimm. Das geht meiner Frau auch oft so. Lesen Sie dann einfach weiter.)*

- Dass ich mit dem **Fernsehen** aufgewachsen bin, werden Sie an verschiedenen Stellen im Buch bemerken. Das Fernsehen hat mich nun mal geprägt und meine kreativen Vorbilder waren u.a. Peter Lustig, Wickie, MacGyver und Jean Pütz *(heute Jack Bauer und Michael Scofield)*.

- **Vielen Dank** für die Unterstützung: Sibylle Bärsch, Marian Rohde, André Karkalis, Ralf-Erik Posselt, Annika Schreibert, Teresa Kraxner, Lena Wagner, Dorothea Richey, Anne Mittmann, Frank Müller und viele Seminarteilnehmer.
  Außerdem Dank an mein MacBook, Meyerbeer- und Senseo-Kaffee

Aber wenn man einmal das andere weiß, dann hat man die Wahl nicht mehr, den Weg der meisten zu gehen. Der Weg der meisten ist leicht, unserer ist schwer. (Hermann Hesse: „Demian")

Trenne dich nie von deinen Illusionen und Träumen.
Wenn sie verschwunden sind, wirst du weiter existieren,
aber aufgehört haben zu leben. (Mark Twain)

Es gibt Situationen, da scheint es keine Lösung zu geben. In der Kommunikation sind es z.B. sogenannte Double-Binds: „Wasch mich, aber mach mich nicht nass!" Oder im Mittelalter war es der Hexentest: Eine vermeintliche Hexe wird in einen Fluss geworfen. Ertrinkt sie, war sie eine gute Christin. Schwimmt sie, ist sie eine Hexe und muss verbrannt werden. Ich bin überzeugt, dass es aus Gewaltsituationen immer mindestens einen Lösungsweg gibt. Das Schwierige aber beim Deeskalieren war, ist und bleibt:

Es gibt keine Deeskalations-Universallösung!

Es gibt „nur" Ansätze und Ideen, die die Wahrscheinlichkeit erhöhen, dass eine Situation nicht eskaliert. Manchmal kann aber auch das Gegenteil richtig sein. Das macht die Sache so interessant und spannend.

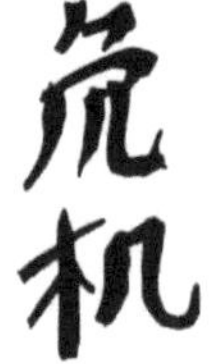

Es sei denn, man befindet sich gerade in so einer Situation. Dann kann man sich meist etwas Schöneres vorstellen und sieht das Spannende an der Sache nicht so positiv. Da befindet man sich eher in einer Krisensituation. Übrigens besteht das chinesische Zeichen für **„Krise"** aus den beiden Zeichen **„Gefahr"** und **„Chance"**.

1.1   *Sicherheit geht vor*

Ehe du Krieg führst, rechne aus, was es dich kosten wird. (Sun Tsu)

Die Eigensicherung ist immer wichtig und das Erste, worauf Sie achten sollten. Die gemalten Sicherheitshinweise im Flugzeug machen es ganz deutlich: Beim Notfall sich selbst erst die Maske aufziehen und dann anderen Menschen (z.B. Kindern) helfen. Umgekehrt wäre es eine Gefährdung für beide Leben.
Auch ist es meistens wenig sinnvoll, sich in eine Massenschlägerei zu werfen, um zu schlichten. Hier ist die Eigengefährdung viel höher als die Wahrscheinlichkeit, dass es etwas nützt. Also:
Eigensicherung geht immer vor !!!
Menschenleben gehen immer vor. Es kann nichts Wichtigeres geben. Auch die Gefährdung der Prügelknaben sollte minimiert werden.

Kevin und Dennis sind zwei 15-jährige Jugendliche. Sie sind beide recht sportlich, leicht zu provozieren und haben einige Strafanzeigen (u.a. Körperverletzung) gesammelt. Beide leben in einer Heimeinrichtung für schwer erziehbare Jugendliche. Eines Tages sitzen Kevin und Dennis genervt nach einem Schulvormittag im Gemeinschaftsraum beim Mittagessen. Aufgrund einer dummen Bemerkung von Kevin geraten sie in Streit und fangen an, sich zu beschimpfen. Sie kommen sich immer näher und schubsen sich gegenseitig.

Aus Erfahrung weiß der Sozialpädagoge Volker, dass keiner von den beiden zurückstecken wird und sie jeden Moment aufeinander einschlagen und -treten werden. Beherzt stellt er sich neben die beiden und schreit: „Stop! Moment! Ich räume noch kurz die Stühle weg, damit ihr euch nicht verletzt!" Dabei dreht er sich um und rückt die Stühle und Tische beiseite. Die Jugendlichen sind verblüfft, die Dynamik der Eskalation ist unterbrochen und es kommt zu keiner Schlägerei mehr.

Bei der Abendsitzung soll über den Vorfall geredet werden. Beide können sich nicht mehr erinnern, warum der Streit losgegangen ist. Dass es nicht zur Prügelei gekommen sei, läge daran, dass sie sich geeinigt hätten. Volker habe nichts gemacht und sei nur auf die blöde Idee gekommen, Stühle weg zu räumen. Die *Wahr*-nehmung ist manchmal einfach recht unterschiedlich. ;-)

1.2   Seien Sie Sie selbst

„Ich bin ganz deiner Meinung", sagte die Herzogin; „und die Moral
davon ist: Scheine, was du bist, und sei, was du scheinst – oder
einfacher ausgedrückt: Sei niemals ununterschieden von dem, als was
du jenem in dem, was du wärst oder hättest sein können, dadurch
erscheinen könntest, dass du unterschieden von dem wärst, was jenen
so erscheinen könnte, als seiest du anders!"
(Lewis Carroll: „Alice im Wunderland")

Untersuchungen haben gezeigt, dass Wörter bei Botschaften das Unwichtigste
(7%) sind. Die Betonung und das nicht-sprachliche (hauptsächlich Körpersprache)
sind viel entscheidender. Gucken Sie mal mit verzogener Miene nach unten und
sagen im langsamen Tempo Ihrem Partner: „Mir geht es gut!" Wird er es glauben?

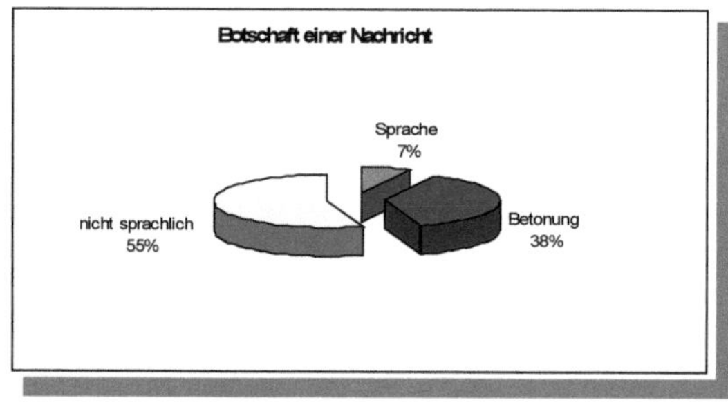

Seien Sie authentisch (echt). Dies erreichen Sie, wenn Sie ehrlich sind und damit
Ihre sprachliche und nicht-sprachliche Botschaft übereinstimmen (Kongruenz =
Deckungsgleichheit).
Bei einer Fortbildung diskutierte ich mit einem Lehrer, der sagte, dass es zu seinem Beruf gehöre zu lügen. Wenn er einem Jungen sage: „Das schaffst du
schon!", auch wenn er es nicht glaube, so sei es eine pädagogische Lüge. Ich bin
der Meinung, dass der Junge nicht-sprachlich die Meinung des Lehrers bewusst
oder unbewusst sowieso mitbekommt. Außerdem dient der Lehrkörper als Vor-
bild. Hier zeigt er, dass es richtig sein kann, unehrlich zu sein.
Es ist völlig nutzlos, ja sogar schädlich, sich in einer Deeskalationssituation zu
verstellen, etwa Entschlossenheit und Mut vorzutäuschen, wenn Angst das wirklich dominierende Gefühl ist. Das Gegenüber erkennt die Wahrheit.

1.3 Schildkröte oder Mensch

Besitz stirbt, Sippen sterben, du selbst stirbst wie sie; eines weiß ich,
das ewig lebt: des Toten Tatenruhm. (Altnordische Edda)

Die körperliche Stressreaktion macht es uns möglich, auf eine gefährliche Situation besser zu reagieren. Das passiert ganz automatisch, ohne dass wir darüber nachdenken müssen. Und das ist auch gut so. Stellen Sie sich einmal vor, Sie würden jedes Mal, wenn Sie mit Ihrem Auto bremsen müssen, erst überlegen, ob Sie das auch wirklich tun sollen. Nein, Sie reagieren in einem solchen Fall automatisch und damit vor allem auch schnell. Unser Reptiliengehirn hat die Aufgabe, unser Überleben zu sichern. Das, was wir als Stress *wahr*-nehmen, ist Teil dieser Überlebensmechanismen. Das Problem ist nur, dass dieser Gehirnteil nicht in der Lage ist, zwischen wirklich gefährlichen und harmlosen Situationen zu unterscheiden. Das Reptiliengehirn lernt nicht und deshalb geraten Sie auch in Situationen in Stress, die Sie von Ihrem Bewusstsein her als „ungefährlich" einordnen können.

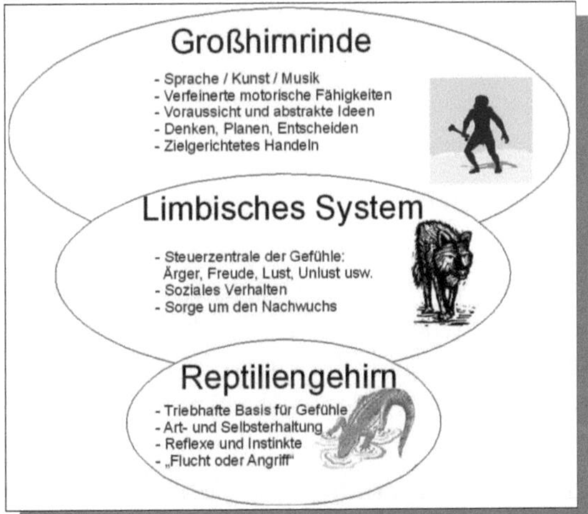

Beachten Sie:
Es dauert weniger als eine Sekunde, bis sich der Stress in Ihrem Körper ausgebreitet hat und Sie reptilienähnliche Impulse (Flucht oder Angriff) haben.
Bis Sie und Ihr Gegenüber ihre Gehirne wieder voll als Homo Sapiens sapiens (der kluge, kluge Mensch) nutzen können, vergehen unter besten Bedingungen 30 bis 60 Minuten.

1.4 Neutrale Körperhaltung

Ein Mann trägt zwei Fässer durch die Straßen. An einer Ecke wird er von einem Fremden gefragt: „Wo geht es hier zum Bahnhof?" Der Gefragte erwidert: „Moment! Könnten sie einmal die Fässer halten, dann kann ich ihnen antworten." Er übergibt dem Fremden die beiden Fässer, zieht die Schulter hoch und sagt: „Tut mir leid, das weiß ich nicht!" Danach nimmt er wieder seine Fässer und geht seines Weges.

Die Körpersprache ist ein wichtiger Bestandteil der Kommunikation, wenn nicht sogar der wichtigste. Doch wie sieht eine neutrale Körperhaltung aus? Sie sollten weder aggressiv, arrogant oder ängstlich wirken.

Der **Stand** ist hüftbreit. (Er ist nicht schulterbreit. Dies könnte bei breitschultrigen Menschen aggressiv wirken.)

Die **Füße** stehen parallel nebeneinander und sind nach vorne gerichtet.

Die **Knie** sind nicht durchgedrückt, sondern leicht angewinkelt.

Die **Hüfte** befindet sich in der Mittelposition. (Sie ist weder nach vorne gekippt wie bei partnerinnen-suchenden Männern, noch hinten zum Enten-Po geformt.)

Die **Wirbelsäule** ist aufgerichtet und in ihrer natürlichen Doppel-S-Form. (Die Brust ist weder nach vorne aufgerichtet wie beim Gorilla, noch nach innen zur Hühnerbrust gepresst.)

Die **Arme** hängen locker neben dem Körper. Der Mittelfinger ist ca. an der Hosennaht. (Oder die Arme gestikulieren oberhalb des Bauchnabels. Gestik unterhalb des Bauchnabels kann unfreundlich oder gar bedrohlich wirken.)

Der **Kopf** ist gerade und aufrecht. (Die Nase nach unten wirkt eher ängstlich und die Nase nach oben wirkt hoch-*näsig*.)

1.5 Step by Step

Wahre Worte sind nicht immer angenehm,
angenehme Worte sind nicht immer wahr.
(Lao-Tse)

Welche Personen werden wohl von Robbenschutz-, SPD- oder Rote-Kreuz-Stand-Menschen in der Innenstadt angesprochen? Geübte Stand-Menschen sprechen Leute an, die eher langsam gehen, die Richtung manchmal ändern oder an Schaufenstern stehen bleiben. Diese scheinen mehr Zeit zu haben und lassen sich leichter aufhalten. Zielstrebige Menschen, die die Füße geradlinig im gleichmäßigen Schritt voreinander setzen, lassen sich kaum aufhalten und es ist meist Zeitverschwendung, sie anzusprechen.

Bei der aggressiven „Anmache" von angetrunkenen Gewalttätern verhält es sich ähnlich. Ihr Schritt kann entscheiden, ob Sie angemacht werden oder nicht. Laufen Sie langsam und ziellos, ist die Wahrscheinlichkeit viel höher, dass Sie angesprochen werden.

Wenn Sie auf vermeintliche Gewalttäter zugehen und Ihr Schritt langsamer wird, Sie kurz abstoppen oder einen offensichtlichen Bogen machen, könnte dies als Angst gewertet werden und Sie wären ein „gefundenes Fressen". Wenn Sie an den Personen vorbei sind und dann den Schritt beschleunigen, könnte dies den Jagdtrieb wecken und diese Menschen folgen Ihnen. Ihren Stress sollten Sie kontrollieren und nicht verkrampft und steif an der Gruppe vorbei gehen. Sehen Sie die Gruppe als Freunde, die Sie nicht kennen.

Seien Sie geradlinig und rücksichtsvoll. Der Körper sollte locker und entspannt sein, der Schritt gleichmäßig. Werden Sie weder schneller noch langsamer. Behalten Sie Ihr Ziel hinter den Personen im Auge. Der Augenkontakt zu den Personen ist geringer als eine Sekunde. Sie sollten keinen zu auffälligen Bogen um eine Personengruppe machen. (Es sei denn, Sie können frühzeitig z.B. die Straßenseite wechseln, ohne dass es zu stark auffällt.) Sie sollten aber auch nicht unbedingt <u>durch</u> eine Skinhead- oder Rockergruppe marschieren.

1.6   Wer nicht fragt, bleibt ...

Klug fragen können ist die halbe Weisheit. (Francis Bacon)

Stellen Sie Ihrem Gegenüber **offene Fragen** (Fragen, auf die man nicht nur mit „Ja" oder „Nein" antworten kann). Ehrliches Nachfragen ist eine der besten Methoden zur Deeskalation, denn:

- Sie treten in Beziehung mit dem Gegenüber.
- Sie zeigen Interesse am Gegenüber.
- Ihr Gegenüber wird zum Nachdenken animiert.
- Ihr Gegenüber bekommt die Gelegenheit, seine Bedürfnisse zu erklären.
- Durch Fragen lenken Sie das Gespräch (Wer fragt, der führt).
- Sie bekommen mehr Informationen, um an einer Lösung zu arbeiten.
- Solange Ihr Gegenüber spricht, wird er Sie mit hoher Wahrscheinlichkeit nicht schlagen.

Stellen Sie besser **keine Warum-Fragen**. Warum-Fragen bringen den Befragte oft in eine Rechtfertigungshaltung. Warum-Fragen werden deshalb schnell als Angriff verstanden und können den Befragten aggressiv machen.

1.7   Landkarte

Jede Landkarte wird für einen bestimmten Zweck hergestellt.
Keine Landkarte kann das ganze Gelände darstellen.
(Alfred Korzybski)

Jeder Mensch bekommt über seine **Sinnesorgane** ca. zwei bis elf Millionen Informationen pro Sekunde geliefert, kann bewusst aber nur fünf bis neun Informationen verarbeiten. Dieser Filterungsprozess wird durch die jeweiligen Werte, Überzeugungen, Erinnerungen, Erfahrungen und Hintergründe beeinflusst. Aufgrund dieser verarbeiteten Informationen zeichnet sich jeder Mensch seine eigene Landkarte von der Welt. Diese zeigt aber nicht die Wirklichkeit (Gebiet), sondern nur einen Ausschnitt (eigene Landkarte). Diese Landkarten können sehr unterschiedlich sein. Gehen Sie einfach mal mit einem Polizeibeamten, einem Rechtsextremisten und einem Modedesigner für einen Einkaufsbummel in die Stadt. Lassen Sie sich danach schildern, worauf jeder Einzelne geachtet hat und was sie *wahr*genommen haben. Ich gehe davon aus, dass Sie drei völlig unterschiedliche Geschichten und Erfahrungen hören. Vielleicht denken Sie, dass Ihre Begleiter von einem anderen Einkaufsbummel erzählen.

Wenn Sie mit jemanden nicht klarkommen, so denken Sie sich: „Der scheint eine andere Landkarte von der Welt zu haben." Sie müssen den Anderen weder verstehen noch lieben. Behandeln Sie ihn einfach, wie Sie auch behandelt werden möchten. Dies hilft schon sehr oft, sich selbst und die Situation zu deeskalieren.

1.8   Wahr-nehmung

*Eines Tages werden wir offiziell zugeben müssen,
dass das, was wir Realität getauft haben,
eine noch größere Illusion ist, als die Welt des Traumes.
(Salvador Dali)*

Die menschliche Netzhaut hat ca. 130 Millionen Rezeptoren, aber der Sehnerv kann gerade mal eine Million Informationen weiterleiten. Über 99% der optischen Realität entsteht im Kopf. Wie Sie also für mich aussehen, ist mir fast vollkommen selbst überlassen. Aufgrund der ausgleichenden Gerechtigkeit ist es umgekehrt genauso.
Sie haben fünf **Wahr-nehmungsorgane** (Augen, Ohren, Haut, Nase, Zunge) und können über diese Informationen aufnehmen. Sie nehmen um sich herum „wahr", was für Ihre Sinne wahr ist. Dies kann aber auch eine „unwahre" Fatamorgana oder eine Halluzination sein.
Die Schärfung der **Wahr-nehmung** kann zur Deeskalation beitragen. Sie sollten lernen, frühzeitig Warnsignale von Anderen und von sich selbst zu erkennen, die auf eine mögliche Eskalation hinweisen.
Die eigenen Gefühle können genauso wie die Körpersprache des Gegenübers ein Warnsignal sein (*Manchmal auch ein Wahnsignal*).

> **Je früher Sie eine Eskalation *wahr*-nehmen,
> desto einfacher ist die Deeskalation!**

1.9 Bauchgefühl

Man muss mit dem Herzen sehen,
denn das Herz sieht Dinge,
die dem Auge verborgen bleiben.
(Antoine de Saint-Exupéry: „Der kleine Prinz")

Hören Sie, gerade in Stresssituationen, auf Ihr Bauchgefühl. Ihre Intuition ist ein gutes Frühwarnsystem, welches Ihnen meist rechtzeitig signalisiert, wenn eine Situation zu eskalieren droht. Vertrauen Sie lieber diesem Gefahrenmeldersystem als der inneren Stimme Ihrer Erziehung, die sagt: „So etwas tut man nicht …!"

Wie bereits geschrieben, verarbeiten Sie von den bis zu 11.000.000 Informationen pro Sekunde ca. sieben bewusst. Ihr Unbewusstes verarbeitet mehr. Ihr Unbewusstes hat einfach mehr Informationen als Ihr Bewusstsein und kann deshalb die Lage besser überblicken. Dies äußert sich in Ihrem „komischen Bachgefühl." (Trotzdem kann es sich mal irren!)

Situation:
Sie sind eine alleinlebende Singlefrau im besten Alter in einem Hochhaus einer Großstadt. Sie sind selbst-bewusst und „gut" erzogen.
Eines Abends klingelt Ihr Nachbar an der Tür. Er ist in Ihrem Alter, aber nicht Ihr Typ. Er hatte im Flur immer mal wieder ein paar Flirtversuche gestartet. Sie sind zuerst darauf eingegangen. Jetzt beenden Sie es immer frühzeitig.
Er möchte an diesem Abend gerne Zucker haben und steht lächelnd vor der Tür. Er ist Ihnen nie zu nahe getreten und trotzdem haben Sie ein *„komisches Gefühl"*.
Die *„innere Stimme der guten Erziehung"* sagt: „Der Flur wird immer wieder dunkel und es zieht dort. Er war immer so freundlich und wie sieht das denn aus, wenn ich ihn im Flur stehen lasse?! Usw. - usw. - usw."
Was tun Sie?
In meinen Selbstbehauptungskursen berichteten Frauen immer wieder, dass sie in ähnlichen Situationen auf ihre *„Stimme der guten Erziehung"* gehört haben. Dann hatten sie aber meist auch Schwierigkeiten. Sie mussten sich behaupten, begründen, warum sie nicht mit ihm ausgehen, bekamen ihn schwerlich aus der Wohnung oder mussten sogar körperlich reagieren. Deshalb:
Hören Sie auf Ihr Bauchgefühl!

2 Innere Deeskalation

Für einen *selbst*-sicheren Auftritt benötigen Sie klare Worte mit einer *ein*-deutigen Körpersprache (Kongruenz). Und dies alles beginnt im Kopf. Die innere Haltung ist die Basis für die äußere Haltung (Die Haltung spiegelt die Haltung).

Bei **Stress** pumpt der menschliche Körper in weniger als einer Sekunde das Blut aus den Gedärmen (Hemmung Magen-Darm-Tätigkeit) in die Muskeln. Er wird durch Hormone (Adrenalin, Testosteron, Noradrenalin, Endorphine, Serotonin) schneller, aggressiver und schmerzunempfindlicher. Er kann jetzt besser angreifen oder fliehen (fight or flight – raufen oder laufen). Leider ist das Gehirn dadurch nicht gut durchblutet (Denkblockade) und der Mensch reagiert hauptsächlich wie ein Reptil (siehe S. 13).

Um bei anderen Menschen eine Deeskalation zu bewirken, sollten Sie selbst deeskaliert sein, d.h. so wenig Stress wie möglich haben. Erst dann können Sie den Überblick behalten (kein Tunnelblick), haben Zugang zu den kreativen Anteilen im Gehirn (keine Denkblockaden) und haben die Motivation zu anderen Lösungsmöglichkeiten (kein „fight or flight"). Um sich selbst zu deeskalieren, gibt es viele verschiedene Möglichkeiten.
Nehmen Sie z.B. Beleidigungen nicht so ernst. Dies ist dann besonders schwierig, wenn ein Fünkchen Wahrheit darin enthalten ist.

2.1   Das nehme ich persönlich

Was hat einen IQ von 99 und besucht regelmäßig die Schule?
Zwei Lehrer und drei Schüler

Bericht von Silke K. aus Mettmann:
„Ich bin seit fast 20 Jahren Lehrerin einer Grundschule in Köln. Vor ca. 10 Jahren
war ich immer öfter nach dem Unterricht völlig ausgelaugt, wetterte mit befreun-
deten Lehrerinnen über den Verfall der Werte bei Kindern und wurde immer unzu-
friedener. Ich schrie sehr oft im Unterricht und würde im Nachhinein sagen, dass
ich einige Schüler auch ungerecht behandelte.

Im Seminar erkannte ich, dass dieses Schreien reine Hilflosigkeit von mir war.
Traurig – aber wahr. Deshalb wurde ich verbal aggressiv. Ich nahm viele Verhaltensweisen der Kinder persönlich. Wenn sich zwei Kinder stritten, ein Schüler im
Unterricht quatschte oder jemand seine Hausaufgaben nicht gemacht hatte, taten
sie dies nur, um <u>mich</u> zu ärgern. Deshalb kam es oft zu Auseinandersetzungen mit
den Schülern.

Als mir diese Einstellung bewusst wurde, war ich sehr betrübt. Ich bin genau so
geworden wie meine schlechten Vorbilder im Studium, über die ich mich immer
aufgeregt habe. Nach dieser Erkenntnis wollte ich meine Unterrichtsmethoden
und mein Verhalten gegenüber den Schülern verbessern. Doch leichter gesagt als
getan. Es erforderte viel Kraft und Mühe meine alten Verhaltensweisen abzulegen.
Sehr schnell merkte ich z.B., dass ich weniger Zeit mit einigen Lehrerinnen aus
meinem alten Bekanntenkreis verbringen sollte.“

Bemerkung:
Der präfrontale Kortex, oder auch Stirnlappen, ist der moralische Aufpasser oder
Hemmungsmechanismus im Gehirn. Dieser macht uns auf viele Sachen aufmerksam. Es ist dieses dumme Gefühl, wenn wir etwas tun, obwohl wir wissen, dass es
falsch ist. Bei Kindern und Jugendlichen befindet sich der Stirnlappen noch in der
Feinabstimmung, manchmal funktioniert er gar nicht. Die Jugendlichen verhalten
sich also nicht deshalb so, weil sie Sie ärgern wollen, sondern weil sie einen „Ge-
hirnschaden“ haben. Dies kann so mancher Leser und auch der Autor in Erinne-
rung an seine Jugendzeit bestätigen. ;-)

2.2 Zeitmanagement

Erkenne dich selbst
(Inschrift am Tempel zu Delphi)

Ein gutes Zeitmanagement entspannt Sie und führt deshalb zu weniger Eskalationen. Sie müssen beim Zeitmanagement aber nicht übertreiben; z.B. gleichzeitig duschen, urinieren, Fremdsprachen-CDs hören, Zähne putzen, das Gleichgewicht und einen Bizeps trainieren (*auch wenn es möglich ist ;-)*).

Die **ALPEN-Methode** (nach Lothar Seiwert) verwendet wenige Minuten pro Tag zur Erstellung eines schriftlichen Tagesplans. Die fünf Elemente sind:
A: Aufgaben aufschreiben. Aufgaben, Aktivitäten und Termine werden in einen Tagesplan eingetragen.
L: Länge einschätzen. Man schätzt die voraussichtlich benötigte Zeit für jede Aufgabe ein.
P: Pufferzeit. Man sollte maximal 60 % der täglichen Arbeitszeit verplanen. Der Rest bleibt für Unvorhergesehenes reserviert.
E: Entscheidungen. Durch Prioritäten setzen, Kürzen und Delegieren wird der Umfang der Arbeiten beschränkt.
N: Nachkontrolle. Am Ende des Tages erstellt man eine Statistik über geplante und tatsächlich erledigte Arbeiten. Unerledigtes wird auf den nächsten Tag übertragen.

Es ist nachgewiesen, dass ein unordentlicher **Schreibtisch** das Stresslevel erhöht. Besonders bunte Post-it-Zettel, Zettelwirtschaft und verschiedene Gegenstände verschlimmern den Stress. Also Schreibtisch aufräumen!

Lieber **mehr Zeit** für das Finden eines geeigneten Lösungsweges investieren, als jahrelang den falschen Weg zu gehen oder auf verschiedenen Wegen zu gehen.

Im Tagesplan sollten Sie unbedingt Ihre persönliche tägliche **Leistungskurve** berücksichtigen. Ruhige Arbeitszeiten sind bis 9 Uhr. Von 9 bis 11 Uhr wird in deutschen Büros am meisten telefoniert und man arbeitet am aktivsten. Sie sollten sich also tagtäglich entscheiden, ob Sie in dieser Zeit konzentriert arbeiten möchten <u>oder</u> einfachere Aufgaben angehen, die auch unterbrochen werden können.

Termine sollten Sie nicht kurz hintereinander legen, das erhöht das Stresslevel und führt zu wenig effektiver Arbeit.

Pausen sind für die Arbeit sehr wichtig. Es sollte darauf geachtet werden, dass in den Pausen wenig über belastende Arbeitsthemen geredet wird. Termine sollten frühestens 15 Minuten nach der Pause gemacht werden. Dies verhindert Stress. Sie können mal später in die Pause gehen oder sich noch kurz vor dem nächsten Termin vorbereiten.

Die vier **Entlastungsfragen** helfen, die eigene Zeit effektiver einzuteilen. Sie eignen sich dort, wo sich Routine eingeschlichen hat. Mit Hilfe der vier Fragen: „Warum gerade ich?", „Warum gerade jetzt?", „Warum so?" und „Warum überhaupt?" können Sie sich entlasten. Sie verhindern, dass Sie eine Aufgabe automatisch ausführen.

Es ist reine Glücksache, Personen telefonisch in Pausenzeiten (9-10 Uhr / 12-14 Uhr) oder Freitagsnachmittags zu **erreichen**. Deshalb sollten Sie Ihre Telefonate auf andere Zeiten verlegen.

Schwierige Gespräche sollte man meist zu zweit führen. Danach haben beide mehr Energie zur Weiterarbeit und durch einen Austausch können vielleicht bessere Lösungswege gefunden werden. Zeitlich sollte man sie an das Ende des Tages legen, wenn man weiß, dass eine konzentrierte Arbeit danach vermutlich nicht mehr möglich ist.

Ein **körperlicher Ausgleich** ist bei viel Schreibtischarbeit notwendig. Hier kann der (Spazier-)Gang von einem Hausbesuch zum nächsten, die Fahrradfahrt zum Kunden oder zur Arbeit schon viel bewirken.

Wie löst man eine **große Aufgabe**?
„Jede Reise fängt mit dem ersten Schritt an." (Konfuzius)
How to eat an Elephant? Bite by bite.
Reduzieren Sie Projekte auf den nächsten elementaren Teilschritt und strukturieren Sie Schritte nach Zeitpunkt und Ausführungsort.

Weitere Anregungen gibt es in unzähligen Büchern und im Internet. Zeitmanagement kann ein wichtiger Punkt für die eigene *Zufrieden*heit bedeuten.

2.3 *Ruhig, Brauner...*

Es gibt viele Methoden, um sich selbst wieder von 180 auf Normalgeschwindigkeit zu drosseln. Jeder Mensch sollte seine Methoden der so genannten „**kurzfristigen Erleichterungen**" kennen. Hier einige Anregungen:

Tief ein und ausatmen
Atmen Sie dreimal tief ein und aus. Atmen Sie durch die Nase ein und durch den Mund aus. Wichtig ist, dass Sie beim Einatmen Ihre Lungen komplett füllen (Bauch-, Brust- und Rippenatmung) und beim Ausatmen die Lungen komplett leeren (zum Ende dreimal stoßend ausatmen). Dadurch befördern Sie mehr Sauerstoff und damit mehr Energie in Ihre Blutbahnen.

Bis Zehn zählen
Zählen Sie laut, leise oder im Kopf langsam bis Zehn. Ihr Gehirn und Ihr Körper können sich ein wenig beruhigen und Sie begehen seltener „unüberlegte" *Handlungen*.

Energetisches Klopfen
Über die Wirkungsweise des Klopfens am eigenen Körper gibt es verschiedene Ansätze: Chinesische, Indische, Chemische, Esoterische usw. Mir sind die biochemischen (Durch Druck auf bestimmte Punkte werden Enzyme freigesetzt.) und die Keine-Ahnung- (Es funktioniert auch, wenn man nicht daran glaubt.) Ansätze am liebsten.
Klopfen Sie mit Zeige- und Mittelfinger zwischen Nase und Mund, so dass es Ihnen angenehm ist. 90 Sekunden reichen meist aus.

Lächeln
Ziehen Sie sich zurück und „verzerren" Sie 60 Sekunden Ihr Gesicht zu einem Lächeln. Die ersten 45 Sekunden kommen Sie sich meist blöd vor, dann produziert Ihr Körper Glückshormone. Sie können die Sache dann lockerer angehen. Außerdem stärken Mundwinkel in dieser Position nachweislich Ihr Immunsystem.

Tütenatmung

Atmen Sie in eine Plastiktüte. Die Tüte sollte Nasen- und Mundraum umschließen, so dass Sie Ihre ausgeatmete Luft wieder einatmen. Diese Methode beruhigt Ihre Atmung und macht Sie ruhiger. Außerdem ist es ein gutes Mittel gegen das Hyperventilieren.

Federtechnik

Jeder Mensch kann die Amygdala (Teil des Gehirns) eigenständig mit Hilfe seiner Vorstellungskraft jederzeit so stimulieren, dass sie die Stirnlappen aktiviert. Es geht ganz einfach: Stellen Sie sich vor, Sie hätten eine Feder, die bis in den Kopf hineinreicht und so den vorderen Bereich sowohl der linken als auch der rechten Amygdala kitzelt. Diese simple Imagination verschiebt sofort die neurochemische Aktivität nach vorn zu den bis dato „schlafenden" Stirnlappen und führt einen positiven Effekt herbei. Das funktioniert auch in Stresssituationen, in denen unsere automatische Reaktion in der Regel die Aktivierung des Reptiliengehirns ist. Legen Sie den Schalter nach vorne um - Sie werden den Unterschied augenblicklich spüren.

Herumblödeln

Wenn Sie alleine sind, lassen Sie Ihrem „Inneren Kind" freien Lauf. Schneiden Sie Grimassen und machen Sie *ver*-rückte Gesichter. Sie bauen damit Adrenalin ab, konzentrieren sich <u>nicht</u> auf das Problem, bekommen oft bessere Laune und bewegen die Gesichtsmuskulatur, die für die Artikulation gebraucht wird. Also können Sie danach ruhiger und deutlicher sprechen (auch gegen Lampenfieber).

Stoßseufzer

Schließen Sie kurz Ihre Augen und spüren Sie in sich die Unruhe und die Hektik. Nun fabrizieren Sie einen herz-haften Stoßseufzer: „Aaaaaahhhhh!" Dieser führt oft zu einer inneren Gelassenheit und erfrischt.

Fokussierung

Wenn Sie Ärger oder Wut in sich aufsteigen fühlen, fragen Sie sich: „Wo ist das unangenehme Gefühl in meinem Körper?" Legen Sie Ihre flache Hand auf diese Stelle und atmen Sie dort hin. Spüren Sie nach, wie Sie ruhiger und gelassener werden.

Nutzen Sie auch die **ABS-Vorlage** von Seite 112 dieses Buches.

2.4   *Am Anfang war das Wort*

*Am Anfang war das Wort und nicht das Geschwätz, und am Ende wird
nicht die Propaganda sein, sondern wieder das Wort.
(Gottfried Benn)*

Die Polizisten Marcus Burnett (Martin Lawrence) und Mike Lowrey (Will Smith)
treiben in dem Film „Bad Boys II" von 2003 ihren Chef in den Wahnsinn und ein-
ander in Therapie. In einem Seminar lernen sie sich zu entspannen. Dabei sollen
sie sich ihre Schläfen reiben und ganz langsam und ruhig „WUUSAAAA" sagen.

In „Die Wutprobe" von 2003 muss Dave Buznik (Adam Sandler) zur Aggressions-
Bewätigungs-Gruppe von Dr. Buddy Rydell (Jack Nicholson). Dort lernen die
Teilnehmer in Stresssituationen tief durchzuatmen und „GUS FRABA" zu sagen.

Im Hinduismus, im Buddhismus und im Yoga ist das Wiederholen von Mantras
(auch Japa) während der Meditation üblich. Mantra („Instrument des Denkens,
Rede") bezeichnet eine meist kurze, formelhafte Wortfolge, die oft monoton wiederholt wird. Mantras können sprechend, flüsternd, singend oder in Gedanken
wiederholt werden. Das Wiederholen eines Mantras soll dem Freisetzen mentaler
und spiritueller Energien dienen.

Der Stop-Satz:
Für Stresssituationen empfiehlt es sich, den Einsatz der kurzfristigen Erleichterungen (siehe S. 23) durch einen so genannten Stop-Satz einzuleiten. Dies ist ein in-
dividueller, positiver Satz, der dann zum Einsatz kommt, wenn man merkt, dass
sich Stress aufbaut. Barack Obama ist mit so einem Spruch Präsident (Yes we
can), Bob ist damit Baumeister-Star (Ja, wir schaffen das) und Michael Wendler
eine Schlagerberühmtheit (Bor Wendler, was bist du für eine geile Sau) geworden.

Der Stop-Satz sollte kurz, prägnant und vor allem positiv formuliert sein, etwa
„Ganz ruhig!", „Alles wird gut!" oder „Jetzt packe ich es an!".
So ist der Stop-Satz quasi der „Startschuss" für den Einsatz der kurzfristigen Er-
leichterung und versetzt den Menschen in die Lage, das aktuelle Stressniveau zu
senken. Vorhandenes Potenzial kann so zur Deeskalation genutzt werden.

2.5 Inneres Team

Rache macht ein kleines Recht zu großem Unrecht. (Pol. Sprichwort)

Möglichkeit einer inneren Konfliktbearbeitung
1. Gehen Sie in sich und identifizieren Sie alle Konfliktparteien. Geben Sie ihnen vorläufige Namen. (Sehr oft tauchen Eltern und Großeltern als moralische Instanz im Innern auf.) Setzen Sie alle Konfliktparteien auf Stühle um sich herum.
2. Betrachten Sie jede Konfliktpartei und versuchen Sie zu erkennen, welche Gefühle und Bedürfnisse dahinter stehen. (Fast) immer erkennen Sie, dass jede Konfliktperson eine Berechtigung hat und Ihr Bestes möchte.
3. Lassen Sie die inneren Konfliktparteien miteinander in Dialog treten. Setzen Sie vielleicht noch Ihre „Innere Person für Kreativität" dazu. Verbieten Sie nicht einer Konfliktpartei, ihre Meinung zu sagen. Dies rächt sich oft unbewusst.
4. Alle Konfliktpersonen haben ein gemeinsames Ziel – Ihr Bestes. Versuchen Sie kreative Lösungsmöglichkeiten zu finden, wenigstens drei.
5. Überlegen Sie, ob diese Lösungsmöglichkeiten durchführbar sind und auch welche Konsequenzen sie hätten. Jede Medaille hat zwei Seiten. Es gibt immer etwas Negatives an jeder Lösungsmöglichkeit. Überlegen Sie vorher, ob Sie bereit sind, diesen Preis zu zahlen.

Wenn Sie und „sie" sich einig sind, können Sie und „sie" gestärkt als ein Team klar und deutlich mit dem Gegenüber kommunizieren. Ihre Botschaften sind *eindeutig* und dies vereinfacht eine Deeskalation.

2.6 Anker werfen

Du sollst etwas nicht böser Absicht zuschreiben, was du nicht genauso
gut mit Dummheit erklären kannst. (Hanlons Rasiermesser)

Das **Ankern** ist eine Methode des NLP (Neurolinguistischen Programmierens). Es
ist die klassische Konditionierung *(Pawlow – sabbernde Hunde beim Klingelton)*
beim Menschen. Sie verbinden einen Reiz mit einer Reaktion, die erst einmal
nichts miteinander zu tun haben. Dies machen Sie oft unbewusst: Einen bestimmten Geruch mit einer Person in Verbindung zu setzen oder eine Melodie mit einem
Ereignis. So machen Sie es bewusst und zielgerichtet:

1. Setzen Sie sich ruhig hin und denken Sie an eine sehr positive Situation.
2. Versetzen Sie sich voll in diese Situation. Was gab es zu sehen, hören, fühlen, schmecken und riechen.
3. Drücken Sie ca. 10 Sekunden mit dem rechten Daumen an eine Stelle des
   linken Unterarmes, die Ihnen angenehm ist. Bleiben Sie dabei geistig bei
   der positiven Situation.
4. Lockern Sie sich kurz und drücken Sie dann erneut die Stelle am Unterarm.
5. Wenn Sie jetzt die positiven Gefühle der Situation spüren, hat die Konditionierung geklappt. Ansonsten versuchen Sie es erneut. (Nehmen Sie vielleicht eine intensivere Situation oder eine andere Stelle am Arm.)

In stressigen Situationen können Sie die Stelle am Arm drücken und durch das
vorherige Ankern werden die guten Gefühle in Ihrem Körper hervorgerufen.

2.7 Überrasche mich

Idealismus ist die Fähigkeit, die Menschen so zu sehen, wie sie sein
könnten, wenn sie nicht wären, wie sie sind. (Curt Goetz)

Die Künstlerin und angehende Lehrerin Christine hat Anpassungsschwierigkeiten
in ihrem Referendariat. Immer wieder wird sie zum Rektor gebeten. Eines Tages
platzt dem Rektor mal wieder der Kragen und er fängt an, Christine im Flur zurechtzuweisen. Die umstehenden Schüler und Lehrer schauen interessiert zu.

Christine unterbricht kurz den erbosten Rektor und zieht sich die Schuhe aus. Sie sagt, dass sie sich so besser „erden" und konzentrieren kann. Er dürfe aber gerne fortfahren. Der Rektor ist erst einmal ruhig und sagt, dass es hier vielleicht nicht der richtige Rahmen für ein Gespräch sei. Er bittet Christine am nächsten Tag in sein Büro. Das Gespräch verläuft um einiges ruhiger.

In meiner Studenten-Wohngemeinschaft (Brücke Uni Essen) machte ich viele interessante Erfahrungen. Unter anderen hatten wir zwei Mitbewohner, die eine etwas andere Definition von Hygiene und Ordnung hatten. Die Mitbewohnerin Kathrin bekam regelmäßig einen dicken Hals und machte sich dann auch Luft. Eines Abends stellte sie einen Mitbewohner, der die dreckigen Gemeinschaftstöpfe wieder einfach stehen ließ. Kathrin war gut in Fahrt und begann mit ihrer Predigt. Der Mitbewohner blieb gelassen, sah ihr verständnisvoll in die Augen und sagte ruhig: „Hast Du schon einmal daran gedacht, einen Yoga-Kurs zu besuchen? Das beruhigt unheimlich!" Kathrin war sprachlos und bevor sie sich wieder gefasst hatte, war der Mitbewohner bereits in seinem Zimmer. Das Interessante daran war, dass der Mitbewohner seine Bemerkung nicht als Provokation gemeint hatte. Sonst wäre es wahrscheinlich noch weiter eskaliert.

2.8 Umwandlung

> *Wer den Acker pflegt, den pflegt der Acker. (Deutsches Sprichwort)*

Das Schöne an den Gedanken ist, dass ich denken kann, was ich möchte. Ich kann etwas positiv oder negativ ausdrücken. Bin ich faul oder energiesparend, bin ich dick oder habe ich Reserven. Wenn Sie Ihre Gedanken ändern, ändern Sie Ihr *Hand*-eln. Dies können Sie positiv oder negativ beeinflussen. Das Bild ist dasselbe wie vorher. Ändern Sie einfach den **Rahmen** (reframing). <u>Jede</u> Medaille hat zwei Seiten. Fragen Sie sich: „Was könnte hier der Vorteil sein?" Hier einige andere Beispiele für das Um-denken:

Bei Angst vor einer Gruppe:
Meine Oma sagte immer, wenn ich etwas vor Leuten vortragen sollte und Angst bekam: „Stell dir vor, dass sind alles Kohlköpfe!" oder „Stell dir vor, die sind alle nackt!"

Bei nervigen Personen:
Sehen Sie Ihr Gegenüber als Coach, Guru oder Meister: Was kann ich vom Gegenüber lernen? Was könnte er mir beibringen? Vielleicht Geduld oder Liebe?

Andere Wortwahl:
Unsere Wortwahl beeinflusst unser Gehirn: Wovon sprechen Sie? Sagen Sie:
- „Herausforderung" oder „Problem"?
- „spannend" oder „schwierig"?
- „Idiot" oder „Sein Verhalten kann ich nicht nachvollziehen"?
- „interessant" oder „schei..."?
  Ist das Glas in Ihrem Kopf halbleer oder halbvoll?

Selbsterfahrung:
Das Extremste ist, dass Sie sich mit dieser Frage beschäftigen:
Was wäre das Schlimmste, was mir in meinem Leben widerfahren könnte?
Und was wäre das Positive daran (mindestens zehn Punkte)?

2.9   *Fragen Sie den Fährmann*

> *Die Erfahrung lehrt über und über, dass die Menschen nichts weniger
> in der Gewalt haben als ihre Zunge. (Baruch de Spinoza)*

Wenn Sie mit jemanden Schwierigkeiten haben und sich über ihn aufregen, fragen
Sie sich:

**„Wie würde ich jetzt reagieren,
wenn ich nur noch vier Wochen zu leben hätte?"**

Weil Tod immer noch ein Tabuthema ist und Sie sich vielleicht nicht trauen, so
fragen Sie sich einfach:

**„Wie würde ich jetzt reagieren,
wenn der Andere nur noch vier Wochen zu leben hätte?"**

3 Empathie

Wer sich selber hasst, den haben wir zu fürchten, denn wir werden die Opfer seines Grolls und seiner Rache sein. Sehen wir also zu, wie wir ihn zur Liebe zu sich selber verführen. (Friedrich Nietzsche)

Die Kurzgeschichte „**Drei Briefe von Teddy**" von Elizabeth Ballard erzählt von Teddy Stallard und seiner Lehrerin Frau Thompson:

Teddy war unordentlich, dreckig und passt oft in der Schule nicht auf. Wenn die neue Lehrerin Frau Thompson ihn ansprach, antwortete er einsilbig. Es fiel der Lehrerin schwer, Teddy zu mögen. Auch wenn Frau Thompson behauptete, alle Schüler gleich gern zu haben, war sie dabei nicht ehrlich. Sie empfand ein gewisses Vergnügen, Fehler von Teddy anzustreichen.

Eines Tages las Frau Thompson die Beurteilungen ihrer Vorgänger. Sie fand heraus, dass Teddy zuerst sehr fleißig und gepflegt war. Doch dann wurde seine Mutter krank und starb. Sein Vater trank und kümmerte sich wenig um Teddy.

Weihnachten kam und die Schüler brachten ihrer Lehrerin Geschenke. Das Geschenk von Teddy war in braunes Papier eingewickelt. Als sie es auswickelte, fiel ein altes Armband mit Rheinkieseln heraus und ein Fläschchen billigen Parfums. Die anderen Schüler begannen zu kichern und sich über Teddys Gabe lustig zu machen. Frau Thompson streifte sich das Armband über und träufelte etwas vom Parfum auf ihr Handgelenk. Abends, als die Schule zu Ende war und die anderen Kinder weggegangen waren, näherte Teddy sich Frau Thompson und sagte leise: „Sie riechen genau wie meine Mutter ... und ihr Armband steht ihnen auch gut. Ich freue mich, dass ihnen meine Geschenke gefallen haben."
Am Ende des Schuljahres hatte Teddy sich drastisch verbessert. Er hatte die meisten Anderen mit seinen Leistungen eingeholt und manche überflügelt.

Nach der Schulzeit hörte Frau Thompson längere Zeit nichts mehr von Teddy. Dann erhielt sie eines Tages einen Brief. Darin schrieb er, dass er seinen Schulabschluss als Zweitbester gemacht hatte.

Fünf Jahre später traf ein weiterer Brief ein. Dort schrieb Teddy, dass er als Bester sein Studium beendet hatte.

Und weitere vier Jahre später schrieb Teddy, dass er nun Doktor der Medizin sei. Er wolle nun auch heiraten und seine ehemalige Lehrerin solle es als Erste erfahren. Sein Vater sei gestorben und Teddy möchte, dass sie bei der Hochzeit auf dem Platz der Eltern sitzen solle.

Frau Thompson nahm an der Hochzeit teil und saß da, wo Teddys Mutter gesessen hätte. Wenn Frau Thompson nun behauptet, alle Schüler gleich gern zu haben, ist sie dabei wieder nicht ehrlich.

Empathie bedeutet Einfühlungsvermögen. Indem ich mich in mein Gegenüber hinein versetze, fällt es mir leichter, seine Bedürfnisse zu erkennen und seine Gefühlsäußerungen zu verstehen. Empathie gehört neben Selbstwahrnehmung, Selbstkontrolle, Selbstmotivation und Sozialer Kompetenz zu den fünf Elementen der „Emotionalen Intelligenz". Nach Carl Rogers gehört Emphatie neben Authenzität (Echtheit) und Wertschätzung zu den drei Eckpfeilern der klientenzentrierten Gesprächstherapie.

3.1 Standpunkt

Der Horizont vieler Menschen ist ein Kreis mit Radius Null. Und das nennen sie ihren Standpunkt. (Albert Einstein)

Unterscheiden Sie möglichst immer zwischen Ihrem **Standpunkt** (Position, z.B. „Ich möchte diese Flasche Sprudelwasser.") und Ihrem **Bedürfnis** („Ich habe Durst."). Ihr Standpunkt hat sich aus Ihrem Bedürfnis entwickelt. Hinterfragen Sie immer, welches Bedürfnis Sie haben. Sie haben dann viel mehr Lösungsmöglichkeiten, als wenn Sie nur auf Ihrem Standpunkt beharren.

3.2 Von Tiertrainern lernen

Wer viel redet, erfährt wenig. (Armenisches Sprichwort)

Der „**Pferdeflüsterer**" Monty Roberts nennt als die wichtigste Einstellung, um mit Pferden oder Menschen arbeiten zu können: „Niemand von uns wird mit dem Recht geboren, zu einem Mitmenschen oder Tier zu sagen: Du machst, was ich dir sage, oder ich werde dir wehtun."

In dem Buch „**Whale Done!**" übertragen u.a. der Autor Prof. Ken Blancherd und der Sea-World-Tiertrainingsleiter Chuck Tompkins die Erfahrungen mit Orca-Walen auf Menschen. Sie können einen 6-Tonnen-Killerwal nicht bestrafen und dann zu ihm ins Becken springen. Es ist wichtig, Vertrauen aufzubauen, das Positive hervorzuheben und bei Fehlverhalten die Energie umzuleiten.

In guten Hundeschulen arbeitet man schon lange nach dem Prinzip:
„Belohnen ist besser als bestrafen."
Es macht nicht nur Herrchen und Hund mehr Spaß, sondern der Hund lernt auch viel besser und schneller. Nur bei den Menschen, z.B. im Schul- und Justizbereich, wird dies nicht so gehandhabt. Oder wie oft wurden Sie in der Schule belohnt, weil Sie Ihre Hausaufgaben gemacht hatten? Wurden Sie schon vom Staat belohnt, weil Sie keine Straftaten begangen haben?

3.3   Komplimente

*Manche Menschen muss man kopfüber betrachten, um sie lächeln zu
sehen. (Deutsche Wahrheit)*

Ehrlich gemeinte Komplimente bauen das *Selbst*-vertrauen des Gegenübers auf.
Er spürt dies und kann nicht gleichzeitig aggressive *Hand*-lungen gegen Sie richten. Zeitungen berichteten immer wieder, dass Vergewaltigungstaten abgebrochen
wurden, weil die Frauen mit dem Täter redeten und sein *Selbst*-vertrauen aufbau-
ten. Sie gingen mit ihm in Kontakt, zeigten sich einfühlend und nahmen das Gegenüber als Mensch (und nicht hauptsächlich als Gefahr) ernst.

3.4   Robert

*Schau der Furcht in die Augen, und sie wird zwinkern.
(Russisches Sprichwort)*

Im Jahre 2002: „Robert!" - Mit diesem einen Wort hatte sein Lehrer Rainer Heise
den ehemaligen Schüler und Amok-Läufer nach dessen 16. Mord aufgehalten. Die
dann folgende Frage: „Was denkst du dir eigentlich dabei?" war buchstäblich ent-
waffnend. Der Schüler war plötzlich sogar zum Gespräch bereit. Der couragierte
Geschichts- und Kunstlehrer öffnete die Tür zu Raum 110 im Erfurter Gutenberg-
Gymnasium, ließ Robert vorgehen, stieß ihn hinein und schloss die Tür. Für ein
Gespräch war es jetzt wirklich zu spät. Dann folgte der letzte und 17. Mord. Robert erschoss sich selbst.

3.5   Liebeskummer

*In Düsseldorf gibt es mehr Kardiologen als Menschen mit Herz.
(Volker Pispers)*

Bericht eines Studienkollegen:
„Samstag – Nachtkneipe „*Michael's Krügchen*" – 3.30 Uhr Ortszeit:

In „*Michael's Krügchen*" finden sich am Wochenende nachts viele komische Gestalten ein: Zuhälter, Rockergruppen, alle möglichen Straftäter und Studenten. Ich hatte gerade Beziehungsstress und hatte deshalb ein wenig zu tief ins Glas geschaut. Ich stand mit einem Bekannten in einer Ecke und wir tranken unser Bier. Eine hübsche Brünette kam mit mir ins Gespräch und wir unterhielten uns ganz nett. Plötzlich tauchte ihr Exfreund zusammen mit zwei Kollegen auf. Alle drei sahen so aus, als würden sie sich öfter schlagen. Diese Drei wollten mir weh tun. Ich hatte schon mal ein Probetraining in der WingTsun(Kampfkunst)-Schule des Autors besucht, aber dies hätte mich hier nicht viel weiter gebracht.
Ich fing an zu lallen und sprach mit dem Exfreund über meine Beziehungsprobleme und dass es mir schlecht ginge. Nach ca. 20 Minuten bekam ich anstelle der Faust ein Bier gereicht. Wir führten danach ein langes und gutes „Männergespräch". Mein Bekannter stand immer noch starr vor Angst in der Ecke."

3.6   *Wertschätzung*

> *Wer seine Gedanken nicht aufs Eis zu legen versteht, soll sich nicht in die Hitze des Streits begeben. (Friedrich Nietzsche)*

Wertschätzung bezeichnet die positive Bewertung einer anderen Person. Sie gründet auf einer inneren allgemeinen Haltung anderen Menschen gegenüber.
Wertschätzung ist oft verbunden mit Respekt, Achtung, Wohlwollen und Anerkennung und drückt sich aus in Zugewandtheit, Interesse, Aufmerksamkeit, Freundlichkeit. Wertschätzung hängt immer auch mit *Selbst*-wert zusammen: Menschen mit hohem *Selbst*-wert haben öfter eine wertschätzende Haltung Anderen gegenüber und werden öfter von Anderen wertgeschätzt. Empfangene und gegebene Wertschätzung vergrößert das *Selbst*-wertgefühl sowohl beim Empfänger als auch beim Geber. Wertschätzende Personen, die ein offenes Wesen haben und kontaktfreudig sind, sind oft auch beliebt.
Das Gegenteil von Wertschätzung ist Geringschätzung oder gar Verachtung.

Auch wenn Sie mit dem Verhalten Ihres Gegenübers nicht einverstanden sind, so akzeptieren Sie ihn als Mensch und sprechen ihm <u>nicht</u> seine „Vollwertigkeit" ab. Diese positive Wertschätzung (Begriff wurde maßgeblich von Carl Rogers geprägt) ist entscheidend, um mit dem Gegenüber in Kontakt zu kommen.

3.7 *Emotionale Intelligenz*

Ein Tropfen Güte ist mehr als ein Fass Wissen.
(Friedrich Georg Jünger)

In dem Buch „Emotionale Intelligenz" erzählt der Autor Daniel Goleman von seinem Freund Terry Dobson, der in den fünfziger Jahren die Kampfkunst Aikido in Japan studierte. Eines Nachmittags fuhr er in einem Zug von Tokio nach Hause, als ein betrunkener Arbeiter einstieg. Der Mann begann, die Fahrgäste einzuschüchtern. Schimpfend und fluchend schlug er u.a. nach einer Frau, die ein Baby auf dem Arm trug. Der Betrunkene schlug nach einigen weiteren Fahrgästen. Er packte eine Metallstange in der Mitte des Wagens und versuchte, sie aus der Verankerung zu reißen. An diesem Punkt glaubte Terry, eingreifen zu müssen. Also stand er auf, während die übrigen Fahrgäste wie erstarrt saßen. Als der Betrunkene ihn erblickte, brüllte er: „Oh, ein Ausländer! Dir werde ich japanische Manieren beibringen!" Plötzlich stieß jemand einen merkwürdig fröhlichen Schrei aus: **„Heh!"** Der Schrei klang so vergnügt, als habe jemand plötzlich einen lieben Freund entdeckt. Erstaunt drehte der Betrunkene sich um und erblickte einen kleinen alten Mann. Der alte Mann strahlte den Betrunkenen erfreut an und winkte ihn mit einer leichten Handbewegung zu sich. Der Betrunkene setzte sich in Bewegung, wobei er wütend knurrte „Wieso soll ich mit dir reden, verdammt noch mal?" „Was hast du getrunken?" fragte der alte Mann und strahlte den betrunkenen Arbeiter an. „Ich hab' Sake getrunken, und das geht dich einen Dreck an", brüllte der Betrunkene. „Oh, das is wunderbar", erwiderte der alte Mann mit freundlicher Stimme. „Weißt du, ich liebe auch Sake. Meine Frau und ich wärmen uns jeden Abend ein Fläschchen Sake und nehmen es mit in den Garten, und wir setzen uns auf eine alte Holzbank..." und er erzählte weiter von dem Dattelpflaumenbaum in seinem Hof, den Schätzen seines Gartens und wie er abends den Sake genoss. Das Gesicht des Betrunkenen wurde allmählich sanfter, während er dem alten Mann lauschte; seine Fäuste öffneten sich. „Tja ... ich liebe auch Dattelpflaumen..." sagte er, und seine Stimme verlor sich. „Ja", sagte der alte Mann munter, „und du hast sicher eine wunderbare Frau." „Nein", sagte der Arbeiter, "meine Frau ist gestorben..." und begann schluchzend die traurige Geschichte zu erzählen, wie er seine Frau, sein Haus und seine Arbeit verloren hatte und dass er sich schäme. Der alte Mann lud den Betrunkenen ein, mit ihm zu kommen und alles zu erzählen.

3.8 Die eigenen Gedanken

*Ernie und Bert von der Sesamstraße liegen im Bett. Ernie macht sich
Gedanken über den morgigen Tag. Er möchte in den Zoo, weil er
Tiere mag. Doch dann entscheidet er sich dagegen, weil er sich vor
dem Gebrüll des Tigers erschrecken könnte. Als er überlegt, dass ein
nettes Mädchen ihm deswegen einen Luftballon schenken könnte,
möchte er doch wieder in den Zoo. Doch dieser könnte ihm aus der
Hand gleiten und wegfliegen. Da wäre er traurig. Deshalb möchte er
nicht in den Zoo. Usw., usw., usw.*
*Paul Watzlawick schreibt in seinem Buch „Anleitung zum Unglücklich
sein" von einem Mann, der einen Hammer von seinen Nachbarn
leihen möchte. Doch der Mann steigert sich so in seine Gedanken
hinein, dass er auf den Nachbarn wütend wird. Er geht zu dem
Nachbarn hin und schreit ihn an: „Behalten Sie Ihren Hammer, Sie
Rüpel!"*

Ihr Körper reagiert auf Ihre Gedanken (Die Haltung spiegelt die Haltung). Deshalb sind die eigenen Gedanken maßgeblich entscheidend, ob es zu einer Eskalation kommt oder nicht.

Sie befinden sich in einer U-Bahn in Berlin und Sie werden von einem fremden jungen Mann mit der Schulter angerempelt.

1. <u>Gedanken:</u> Der Mann spinnt wohl. Dies ist eine Unverschämtheit.
   <u>Körper:</u> Ihre Nackenhaare richten sich auf. Die Atmung wird flacher und schneller. Wenn Sie etwas sagen, werden Sie lauter und höher sprechen.
   Die Wahrscheinlichkeit einer Eskalation ist <u>sehr hoch</u>.

2. <u>Gedanken:</u> Hoffentlich tut mir der Mann nichts und lässt mich in Ruhe.
   <u>Körper:</u> Sie verkrampfen sich und bewegen sich hölzern. Ihr Körper zeigt alle möglichen Stressreaktionen. Sie schauen sich ängstlich um.
   Die Wahrscheinlichkeit einer Eskalation ist <u>hoch</u>.

3. <u>Gedanken:</u> Der junge Mann und ich haben hier nicht aufgepasst.
   <u>Körper:</u> Ihr Körper ist locker und Ihre Schulter federt die Berührung ab. Sie gehen weiter Ihres Weges und sagen: „Entschuldigung."
   Die Wahrscheinlichkeit einer Eskalation ist <u>sehr gering</u>.

3.9 Vier Fragen und Umkehrungen

Entschlossenheit im Unglück ist immer der halbe Weg zur Rettung.
(Johann Heinrich Pestalozzi)

Diese Methode (Weiterentwicklung verschiedener Ansätze von Byron Katie) befähigt Menschen, Ärger aus ihrem Herzen und/oder ihrem Kopf zu eliminieren. Es sind vier Fragen, die Sie sich in einer schwierigen Situation stellen sollten.

1. **Ist das wahr?**
   Beispiel: „Mein Chef gibt mir idiotische Anweisungen! Ja, es ist wahr."
2. **Können Sie zu 100% sicher sein, dass es wahr ist?**
   „Jein oder eigentlich Nein. Vielleicht steckt da etwas hinter, von dem ich nichts weiß. 100% sicher kann ich mir deshalb nicht sein."
3. **Wie reagieren Sie, wenn Sie diesen Gedanken denken?**
   „Es geht mir schlecht. Ich rege mich auf und spüre Unwohlsein in der Magengegend."
4. **Wer wären Sie ohne diesen Gedanken?**
   „Ich würde mich weniger aufregen und könnte effektiver und zu*frieden*er arbeiten."

Dann kehren Sie Ihren Gedanken um und finden Sie jeweils drei Bespiele:
- Mein Chef gibt mir geniale Anweisungen (3 Beispiele).
- Ich gebe meinem Chef geniale Anweisungen (3 Beispiele).
- Ich gebe meinem Chef idiotische Anweisungen (3 Beispiele).

Diese Methode können Sie bei anderen Personen (*z.B. Partner*), Ihrem eigenen Verhalten (*innerer Schweinehund*), „blöden Situationen" (*Stau*) oder sogar Krankheiten (*Tumor*) anwenden.

Wenn Sie mit Ihren Gedanken im Reinen sind, können Sie die Situationen viel gelassener angehen. Sie stützen sich nicht so stark auf Ihre Vor-*urteile* und können deshalb viele Gegebenheiten entspannen. Kooperationen und gemeinsame Lösungen mit dem Gegenüber sind viel wahrscheinlicher.

4 Kommunikation

*Ein Mann wandert mit schwerem Gepäck beladen auf einer
Landstraße. Da kommt ihm ein Bauer mit seinem Pferdewagen
entgegen. Der Wanderer hält ihn an: „Wie weit ist es von hier nach
Steinberg?" Der Bauer kratzt sich hinterm Ohr und brummelt: „Na
ja, mit dem Pferdewagen wohl so eine halbe Stunde." Der Wanderer:
„Darf ich mitfahren?" – „Bitte, steigen sie auf", sagt der Bauer. Sie
fahren eine halbe Stunde. Noch keine Häuser in Sicht. Langsam wird
der Wanderer unruhig. „Sagen sie", ruft er dem Bauern von hinten
zu, „wie weit ist es denn noch bis Steinberg?" Der Bauer kratzt sich
wieder hinterm Ohr und brummelt: „Na ja, mit dem Pferdewagen
wohl so eine gute Stunde." Der Wanderer ist entsetzt: „Wie kann denn
das sein?! Vorhin haben sie mir noch erzählt, wir wären eine halbe
Stunde von Steinberg entfernt. Und jetzt fahren wir schon eine halbe
Stunde!" – „Ja", brummelt der Bauer, „aber in die entgegengesetzte
Richtung."*

Zu dem Thema Kommunikation ist bereits eine Menge geschrieben worden, u.a.
in dem Buch „Kommunikative Deeskalation" (Norderstedt 2008, 9,99 €) von
Marian Rohde und mir. - *Ich finde das Buch sehr gut und lesenswert. ;-)*

4.1 Wieselwörter

Ein Scherz hat oft gefruchtet, wo der Ernst nur Widerstand
hervorzurufen pflegte. (August von Platen)

Wiesel saugen Eier aus, ohne deren Schale zu zerstören. Wieselwörter zerstören die Aussage des nachfolgenden Wortes. Floskeln wie „eigentlich" und „ein Stück weit" saugen die Kraft aus Ihrer Aussage. Wenn Sie sich so etwas sagen hören, horchen Sie in sich hinein, ob Sie wirklich zu dieser Aussage stehen. Gerade in Stresssituationen ist es wichtig, dass Ihre Aussagen klar sind und Sie es auch so meinen, wie Sie es sagen. Sonst werden Sie vom Gegenüber nicht ernst genommen und können ihn nicht erreichen. Oder was halten Sie von dieser Aussage Ihres Partners: „Eigentlich liebe ich dich ein Stück weit!"?

4.2 Mit-leid

Um sich hervor zu heben, schlägt der Pfau ein Rad und der Mann
kauft sich ein Allrad. (Deutsche Frauenweisheit)

Ob Sie nun aktiv etwas machen oder passiv zuschauen: Spiegelneuronen sind Nervenzellen, die im Gehirn bei beiden Prozessen gleich aktiv sind. Dadurch können Menschen in einen Kinofilm oder in ein Buch abtauchen und alles miterleben. Wir können uns mit anderen Menschen freuen oder mit-*leiden*.

Der Seminarteilnehmer Thomas W. erzählte von einem Erlebnis auf einer Karnevalveranstaltung. Die Stunde war fortgeschritten und das Alkohol- und Aggressionslevel dementsprechend hoch. Als eine Schlägerei losging, war der alkoholisierte Thomas plötzlich mittendrin, obwohl er nichts damit zu tun hatte. Ein kräftiger Mann packte Thomas am Kragen und holte zum Schlag aus. Die Mutter von Thomas war vor einigen Tagen verstorben und die Trauer wurde durch den Alkohol noch verstärkt. Ihm war es im Moment völlig egal, ob er geschlagen wurde oder nicht. Dies signalisierte und sagte er auch dem kräftigen Mann. Dieser war völlig irritiert, ließ von Thomas ab und prügelte sich mit einer anderen Person. Thomas ging unbeschadet nach Hause.

4.3 Ja, aber ...

*Bei Babys wurde nachgewiesen, dass sie schon lange denken, bevor
sie anfangen zu sprechen. Bei Erwachsenen ist das oft nicht der Fall.*

„Aber" ist ein gefährliches Wort. Deutsche sollen Weltmeister im „Ja-abern" sein.
Da könnte man fast immer auch das „Ja" weglassen und sagen: „Du hast unrecht,
weil ..." Wütenden Menschen sollte man besser kein „Aber" an den Kopf werfen.
Ich war in meiner Jugend auf meine Mutter teilweise schon so wütend aufgrund
eines „Aber", dass ich sie am liebsten gewürgt hätte. Wie reagiert man dann erst,
wenn man wütend ist und die andere Person nicht mag?
Ein „und" anstelle von einem „aber" kann schon ein kleines sprachliches Wunder
vollbringen.
Damit können Sie u.a. auch Absagen besser formulieren. Beispiel:
„Möchtest du mir morgen dabei helfen!?"
1. „Ja, aber ich kann leider nicht!" (*Dabei wird das „Ja" schnell überhört.*)
2. „Ja, und ich kann leider nicht!" (*Freundliche Absage und dem Gegenüber ist
klar, dass sie helfen möchten.*)

4.4 Stottern

*Erfahrungen sind wie eingetragene Anzüge, sie passen einem Anderen
nur im glücklichsten Falle. (Erwin Strittmatter)*

Ein Jugendlicher erzählte in einem Coolness-Training (CT®), dass er in einem Jugendzentrum mit einer Gruppe immer wieder Schwierigkeiten hatte. Abwechselnd
kam immer ein Gruppenmitglied zu dem Jugendlichen, provozierte ihn und machte sich über ihn lustig. Eines Tages war er noch recht schläfrig und wieder kam ein
Gruppenmitglied zu ihm. Der Jugendliche reagierte wie immer und wollte etwas
erwidern. Doch plötzlich hatte er Konzentrationsschwierigkeiten, sprach sehr
langsam und stotterte. „Jetzt bist du voll das Opfer", dachte er sich. Doch der Andere ließ von ihm ab. Die Tage danach setzte der Jugendliche das langsame Stot-
tern bewusst ein und fand Gefallen daran. Nach dem vierten Mal wurde er nicht
mehr von der Gruppe provoziert.

4.5 Namen nennen

Ein Prinz. Mehr noch – ein Mensch.
(Emanuel Schikaneder / Wolfgang A. Mozart: „Die Zauberflöte")

Wenn sich Personen streiten, reden Sie die Kontrahenten mit Ihren Namen an. Dies kann den Stress mindern. Aus eigener Erfahrung wissen wir, dass wir plötzlich aufhorchen, wenn in einem weiter entfernten Gesprächskreis unser eigener Name fällt.
Versicherungsvertreter versuchen mehr Nähe zu schaffen und uns zu beeinflussen, indem sie uns oft mit unserem Namen ansprechen.

In einigen Religionen darf man den Namen des Gottes nicht aussprechen („*Wer hat Jehova gesagt?" „Sie war's, sie war's. Ähm! Er war's, er war's.*"). Der Name des Gottes soll nicht missbraucht werden und einige Mystiker begründen dies damit, dass alles, das bei einem Namen benannt werden kann, auch gekannt oder sogar besessen werden kann.

Rumpelstilzchen und einige afrikanische Stämme nennen gegenüber Fremden ihre Namen nicht, weil sie wissen, dass diese dann Macht über sie haben. Also:
Sprechen Sie die Kontrahenten mit Namen an!

4.6 Aktives Zuhören

Ein Wanderer kommt nicht über einen Fluss und sieht endlich einen
Bauern am anderen Ufer. Der Wanderer ruft herüber: „Wie komme
ich auf die andere Seite?" Der Bauer antwortet: „Sie sind schon auf
der anderen Seite!"

Aktives Zuhören liegt dann vor, wenn folgende Regeln beachtet werden:
- Lassen Sie den Partner ausreden.
- Ertragen Sie Gesprächspausen.
- Ermutigen Sie zum Weitersprechen.
- Fragen Sie nach (aber nicht ausfragen!).

- Melden Sie zurück, wie etwas verstanden wurde (decodieren).
- Wiederholen Sie wichtige Inhalte und fassen diese zusammen (paraphrasieren).
- Melden Sie die Gefühle zurück, die Sie beim Gegenüber *wahr*-genommen haben.
- Motivieren Sie den Partner zu eigenen Problemlösungen (nicht belehren!).
- Zeigen Sie deutlich, dass Sie interessiert sind (Lehnen Sie sich nach vorn, halten Sie Blickkontakt, nicken Sie usw.).
- Legen Sie lästige Gewohnheiten ab (die Unterlippe beißen, Bleistift kauen, auf den Tisch klopfen, ständig auf die Uhr schauen, Finger schnippen).
- Achten Sie weniger auf Einzelheiten, sondern auf die Idee dahinter.

4.7 Beschimpfen

Der einzige Mensch, der sich vernünftig benimmt, ist mein Schneider. Er nimmt jedes Mal neu Maß, wenn er mich trifft, während alle anderen immer die alten Maßstäbe anlegen in der Meinung, sie passten auch heute noch.
(George Bernard Shaw)

Eine Methode, den Anderen ohne negative Konsequenzen zu beschimpfen, ist die „Erzählte Geschichte".

Sie sind wütend auf jemanden und würden ihn am liebsten beschimpfen. Sie wollen es aber nicht eskalieren lassen oder haben Befürchtungen bezüglich negativer Konsequenzen (Scheidung, Entlassung, gebrochene Nase *oder alles zusammen*). Dann erzählen Sie dieser Person eine Geschichte, in der Sie jemanden Anderes beschimpfen oder Sie beschimpft wurden: „Und da sagt dieser Typ: Du dummes Arschloch, ich könnte dir so den Hals umdrehen!" Schauen Sie bei der Beleidigung Ihrem Gegenüber einfach ins Gesicht. Diese Methode führt oft dazu, dass Sie sich besser fühlen ohne negative Konsequenzen zu erfahren.

Als Alternative können Sie sich auch ein Mobiltelefon ans Ohr halten, so tun, als würden Sie telefonieren und Ihr Gegenüber beschimpfen.

4.8 Sondern

Suchen Sie nicht nach Fehlern, suchen Sie nach Lösungen.
(Henry Ford)

Sie haben ein Gegenüber, das aufgebracht ist und sich beschwert. Er zählt alles auf, was er nicht gewollt hat.

Da öffnet das Wörtchen „**sondern ... ?**", als freundliche Nachfrage formuliert, die Tür für eine positive Formulierung. Hier muss jetzt Ihr Gegenüber in sich gehen und überlegen, was er gerne möchte. Hierzu sind vom Gegenüber Eigen-Empathie und die Suche nach den eigenen Bedürfnissen erforderlich.

4.9 Herunter reden

Denk immer daran, deine Wahrnehmung bestimmt deine Realität.
(Jedi-Meister Qui-Gon Jinn)

Als Talk Down (angelehnt an engl. „calm down" - sich beruhigen) wird das „Herunter reden" einer Person z.B. in drogenbedingten Angst-, Wut- oder Verwirrtheits-Zuständen bezeichnet. Es gilt, die Person zu beruhigen.

Dabei gibt es mehrere Phasen:

– **Kontaktaufnahme:** Vorsichtig nähern – Vorstellen – Anrede klären

– **Beziehung herstellen:** Einfühlendes Verstehen - Vertrauen schaffen

– **Gesprächsführung:** Aufbau einer Ja-Haltung – positive Umdeutungen

– **Einladungen:** Hilfsangebote machen – Alternativen klären

– **Abschluss:** Weitere Begleitung oder Klärung von Ansprechpartnern

Ein vermiedener Kampf ist ein gewonnener Kampf. (Bruce Lee)

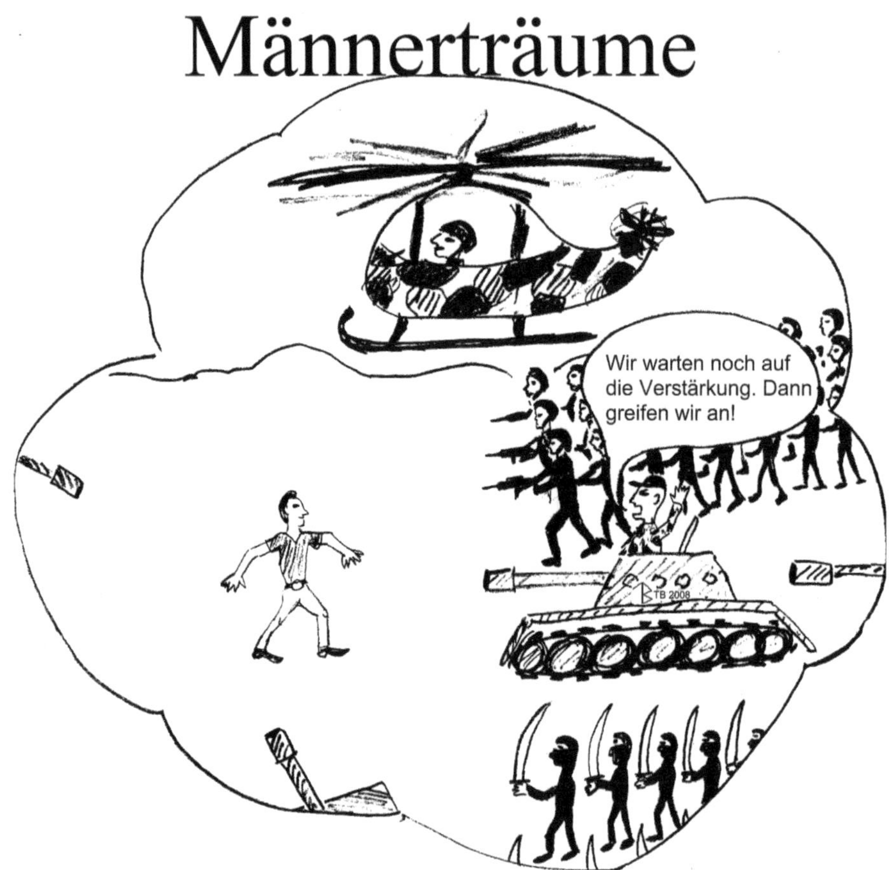

Es gibt „Kampfkünstler", die sich damit brüsten in über 300 Kämpfen, in denen sie sich „verteidigen" mussten, ungeschlagen zu sein. Bei meiner Arbeit mit (hauptsächlich wegen Körperverletzung) vorbestraften Menschen hätte ich mich auch über 300 Mal prügeln können und habe stattdessen deeskaliert.
Ich Versager!?!

5.1 Kampf ohne zu kämpfen

Ein großer Krieger? Groß machen Kriege niemanden.
(Jedi-Meister Yoda)

In dem Film „Der Mann mit der Todeskralle" von 1973 spielt Bruce Lee einen KungFu-Kämpfer. Er soll als Geheimagent an einem Wettkampf teilnehmen. Mit anderen Mitstreitern fährt er auf einem Schiff zu dem Ort des Wettkampfes.
Einer der Kämpfer bedroht und tritt das Schiffspersonal. Er geht an Bruce Lee heran und führt Schlagtechniken in der Nähe von Bruce Kopf aus. Dabei spricht er ihn hochnäsig an: „Ich störe wohl nicht, sie Weltmeister!? Oder!?"
Bruce Lee bleibt unbeeindruckt und der Andere fragt weiter: „Was haben sie für einen Stil?"
Bruce antwortet: „Sagen wir, die Kunst des Kampfes, ohne zu kämpfen."
Der andere wird neugierig: „Kann ich da mal eine Kostprobe haben?"
Bruce möchte gehen. Doch er wird an der Schulter gepackt und aufgehalten. Bruce schlägt dem anderen Kämpfer vor, das Beiboot zu nehmen und auf die nahe gelegene Insel zu fahren. Dort habe er mehr Platz, um seine Techniken zu zeigen.
Als der andere Kämpfer in das Beiboot steigt, macht Bruce das Boot los. Er selbst steigt nicht ein und zieht das Boot in ca. 20 Meter Abstand hinter dem Schiff her. Der Andere schreit und das Beiboot füllt sich durch die zu hohe Geschwindigkeit mit Wasser. Dann wird das Halteseil losgelassen.

5.2 Ein „guter" Freund

Wir finden drei Gründe für Streit in der menschlichen Natur: erstens
Konkurrenz, zweitens Mangel an Selbstvertrauen, drittens Ruhmsucht.
(Thomas Hobbes)

Stellen Sie sich in einer Stresssituation einen guten Freund oder viele Freunde im Rücken vor. Diese „imaginären" Freunde geben Ihnen ein Sicherheitsgefühl. Sie fühlen sich besser und stärker. Dies wirkt sich direkt auf Ihre Körpersprache und Ihre Stimme aus. Somit bemerkt es auch Ihr Gegenüber.

5.3   Der „Kampfkünstler"

*Eine Gruppe von Bewohnern eines Dorfes, in dem sich ein weiser
Mann auf Durchreise befand, wollte ihm einen Streich spielen. Sie
versteckten seine Reisetasche, und nirgends vermochte der Mann sie
wiederzufinden. „Gebt mir unverzüglich meine Tasche wieder, oder
wahrlich, ich weiß, was ich tun werde!" rief der weise Mann mit ge-
waltiger und zornbebender Stimme aus. Seine Stimme war so ener-
gisch und die geheimnisvolle Drohung so einschüchternd, dass die
Dorfbewohner dem Mann seine Tasche mit kleinlauten Entschuldigun-
gen zurückgaben. Nur ein Kind wagte es, den weisen Mann zu fragen,
was er denn sonst getan hätte, wenn man ihm die Tasche nicht zurück-
gegeben hätte. „Gar nichts", antwortete der Mann, „ich wäre ohne
meine Tasche weiter gereist." Er schwang sich auf seinen Esel und
ritt davon.*

Bericht von Florian:

„Ich war ca. 18 oder 19 Jahre alt und ging regelmäßig in eine Diskothek meiner
Heimatstadt. Ich feierte gerne und trank auch mal ein wenig mehr. Ich hatte meist
gute Laune und nahm viele Sachen sehr locker. An einem Abend tanzte ich mehrere Mädchen an. Der Freund von einem der Mädchen nahm mir dies übel. Er belei-
digte und schubste mich.

Durch einen Verwandten kannte ich einige Kampftechniken. In dieser Situation
blieb ich ruhig, obwohl ich Angst hatte. In einem Abstand von etwa drei Metern
nahm ich die Hände langsam vor dem Körper in eine Position, die ich von meinem Verwandten kannte. Natürlich hätte ich mich nicht damit verteidigen können.
Meine letzte Schlägerei hatte ich auf der Schule mit zwölf Jahren. Doch in diesem
Moment fühlte ich mich fast unbesiegbar. Der Freund des Mädchen kam keinen
Zentimeter näher, bedrohte mich und ging dann mit seiner Freundin zur Tür hin-
aus."

5.4   Böse Gedanken

Achte stets auf deine Gedanken, sie werden zu Worten.
Achte auf deine Worte, sie werden zu Handlungen.
Achte auf deine Handlungen, sie werden zu Gewohnheiten.
Achte auf deine Gewohnheiten, sie werden zu Charaktereigenschaften.
Achte auf deinen Charakter, er wird dein Schicksal.
(Talmud)

Bericht von Tim:

„Auf einer Silvesterfeier einer Freundin herrschte gute Stimmung. Gegen 2.00 Uhr kamen drei Personen, die nicht eingeladen waren. Die Gastgeber hatten zuerst nichts dagegen, bis die drei anfingen, Essen zu schmeißen und die Gäste anzupöbeln. Vier Personen und ich baten die kleine Gruppe zu gehen. Im Türbereich standen dann wir diesen drei Personen gegenüber. Einer von uns ging ins Haus, um die Polizei zu rufen. Ein Anderer verschwand auf der Toilette und ein Dritter wollte keinen Stress.

Plötzlich standen nur noch meine Freundin und ich den dreien gegenüber. Der Rädelsführer befand sich in der Mitte und alle drei bewegten sich langsam auf uns zu. Ich redete nur mit dem Rädelsführer und sagte ihm, dass sie das Haus verlassen sollten. Dieser war unbeeindruckt und drohte meiner Freundin und mir.

Ich hatte zu viel Alkohol getrunken *(anders kann ich mir es sonst nicht erklären)* und schaute nur dem Sprecher ins Gesicht. Dabei dachte ich mir, dass ich wie im Film ihm den Kopf zur Seite drehen würde. Die anderen Beiden näherten sich der Mitte und schützten so ihren Chef. Trotzdem visierte ich nur ihn an. Dieser klopfte dann den beiden anderen auf die Schulter und sagte: „Komm, lass uns gehen, bevor die Bullen da sind." Sie drehten sich um und gingen."

5.5 Tarnen, Täuschen und Verpissen

Im alten China schickte der große Heerführer Chuko Liang seine riesige Armee in ein fernes Lager und blieb mit seiner Garde in einer kleinen Stadt zurück. Da wurde ihm gemeldet, dass ein feindliches Heer von über 150.000 Soldaten auf die Stadt zumarschiere. Seine Lage schien aussichtslos, denn seine Garde war nur hundert Mann stark. Doch Chuko Liang dachte nicht lange darüber nach, wie er in diese Falle getappt war. Vielmehr erteilte er den Befehl, die Fahnen einzuholen, die Stadttore zu öffnen und abzuwarten. Die Gardisten sollten sich verstecken, er selbst kleidete sich in ein Mönchsgewand und setzte sich auf die Stadtmauer. Hier entzündete er Räucherwerk, spielte die Laute und sang dazu. Es dauerte nicht lang, da rückte die riesige feindliche Armee gegen die Stadt vor. Liang ließ sich davon nicht beeindrucken. Er tat so, als würde er nichts bemerken und griff weiter in die Saiten seiner Laute. Das Heer hatte sich vor der Stadtmauer versammelt. Die Soldaten drängten darauf, durch die offenen Tore in die ungeschützte Stadt einzudringen. Doch der Heerführer hielt sie zurück. Er hatte Chuko Liang auf der Stadtmauer erblickt, der in China nur als der „Schlafende Drache" bekannt war. Was hatte das zu bedeuten? Wieso waren die Stadttore geöffnet? Dem Heerführer wurde die Sache schließlich so unheimlich, dass er den Befehl zum Rückzug erteilte.

„Wüstenfuchs" Erwin Rommel soll im zweiten Weltkrieg Truppen mit Panzern durch eine Stadt im Kreis marschiert haben lassen. Ebenfalls soll er an einem anderen Tag Sträucher an den Fahrzeugen seiner Kolonne beim Durchmarsch einer Wüstenregion befestigt haben. Dies wirbelte mächtig Staub auf. Beides hatte die Absicht und die Wirkung, dass die Truppen größer und mächtiger wirkten. Dies beeindruckte und ängstigte die feindlichen Gruppierungen.

Ein Seminarteilnehmer erzählte, dass er in einer bedrohlichen Situation die Hand in der Tasche zu einer **Pistole** formte und den Zeigefinger ein wenig nach vorne drückte. Dabei stellte er sich vor, dass er eine Waffe hatte und dass er abdrücken würde, wenn ihm der Andere zu nahe kommt. Er schaute zuerst auf seine Hand in der Tasche und lächelte dann sein aggressives Gegenüber an: „Willst Du wirklich Ärger mit mir?!" Der Andere war verunsichert und zog weiter.

5.6 Die liebe Familie

Wie oben so unten, wie innen so außen. (Hermes Trismegistos)

Im Türsteher- und Security-Bereich tummeln sich viele zwielichtige Gestalten. Weil ich selbst über fünf Jahre mein Leben und mein Studium damit finanzierte, darf ich mir diese Bemerkung erlauben. Ein oft gemachter Fehler ist, dass Muskelmänner (*mit zu kleinen Hirn und Hoden, durch Anabolika*) als Abschreckung böse und breitbeinig an der Tür stehen sollen. Diese schrecken besonders die Personen ab, die sowieso nichts mit Gewalt zu tun haben wollen. Für potentielle Gewalttäter sind sie eher eine Provokation oder eine Herausforderung. Natürlich ist es notwendig, dass Türsteher sich auch im Extremfall selbst verteidigen können müssen. Wichtiger ist, meiner Meinung nach, aber eine gute Kommunikations- und Deeskalationsfähigkeit.

Als Türsteher muss man nicht immer drauf hauen, um zu deeskalieren. Ein nettes Beispiel wurde im Fernsehen bei einer Reportage über Türsteher gezeigt:

Der glatzköpfige Michael Kuhr ist in Berlin Kampfsport-Trainer und Türsteher. Vor einer Disco macht ein junger Mann Schwierigkeiten. Er tritt aggressiv auf und ist wütend, weil er nicht in die Disco darf. Michael Kuhr geht mit ihm aus den Eingangsbereich und wird währenddessen als „Hurensohn", „Schwuchtel" usw. beschimpft. Dann erwidert er: „Moment, ich kenne dich irgendwo her." Es stellt sich heraus, dass Michael Kuhr der Kampfsport-Trainer des älteren Bruders ist. Als Michael Kuhr sagt, dass er die Nummer des älteren Bruders hat, sagt der Aggressor nur kleinlaut: „Du musst doch jetzt nicht unbedingt meinen Bruder anrufen, Alter!" Danach entschuldigt sich der Aggressor bei Michael Kuhr, gibt ihm die Hand und geht seines Weges.

Vor einem Club droht ein junger Mann mit seiner berüchtigten Familie. Er sagt, dass diese den ganzen Laden auseinander nehmen würde, wenn er nicht rein darf. Michael Kuhr lässt ihn nicht herein und der Mann telefoniert. Aber er kann wohl keinen erreichen und verlangt erneut, hereingelassen zu werden. Michael Kuhr sagt, dass er die Nummer des Familienoberhauptes hat und ruft diesen an. Dann eröffnet er dem jungen Mann, dass das Familienoberhaupt in ca. fünf Minuten da sei. Der junge Mann ist nach dem Telefonat sichtlich nervös und rennt weg.

5.7   Was hast du drunter?

*Man muss die Welt nicht verstehen – man muss sich darin nur zu-
rechtfinden. (Albert Einstein)*

Bei www.youtube.de kann man unter „Sressmacher in der U-Bahn" eine nette
Szene verfolgen. Ein junger, aggressiver Mann geht durch eine U-Bahn, beleidigt
und bedroht eine sitzende Frau.

Hinter dem Bedroher sitzt ein Mann und liest die Zeitung. Als der Bedroher vor
der Frau steht und ihr zu nahe kommt, steht der Zeitungsleser schnell auf und
zieht dem Bedroher die Hose runter.
Dieser ist erst einmal sehr verdutzt, bleibt kurz stehen, zieht sich seine Hose hoch
und geht dann schimpfend weg.

5.8   No Fear – No Fun

*Konzentriere Dich auf den Augenblick.
(Jedi-Meister Qui-Gon Jinn)*

Oliver und Tim waren 19 Jahre alt. Beide hatten Kontakt zu gewalttätigen Grup-
pen und hatten sich deshalb nicht nur Freunde gemacht. Bei einem Vorfall ist einem anderen 20-jährigen ein Schlagring durch das Gesicht gezogen worden. Dies
hinterließ eine längere Narbe auf der linken Wange.
In einer „Bauern-Diskothek" erkannte „Narbengesicht" die beiden wieder. Diese
saßen alleine an der Theke und tranken Bier. Der Geschädigte holte mehrere
Freunde und ging zur Theke.
Oliver und Tim wurden bedroht, denn „Narbengesicht" wollte Rache. Die beiden
wussten, dass sie keine Chance gegen die Übermacht hatten. Trotzdem blieben sie
ruhig, tranken ihr Bier weiter und redeten freundlich mit ihrem Gegenüber. Es entstand ein Gespräch darüber, dass die Narbenzufügung eine „Scheiß Sache" gewesen sei und dass er dies jetzt und hier beenden könne. Sonst würden Oliver und
Tim sich wieder rächen müssen, danach er wieder, usw. Ende vom Lied: Oliver
und Tim wurden zum Biertrinken und Billard eingeladen.

5.9   *Dann kommt doch alle*

*Euch Sterblichen von morgen prophezeie ich heut und hier: Bevor
noch das nächste Jahrtausend beginnt, ist der einzige Gott, dem jeder
dient, die unstillbare Gier.
(Graf Krolock im Musical „Tanz der Vampire")*

André, Stefan und Tim lernen und lehren die Kampfkunst WingTsun. Eines
Abends sind die drei Kollegen mit Freunden aus. Sie besuchen die Diskothek am
Hauptbahnhof und haben alle schon einige Biere getrunken.

Gegen 3.00 Uhr wird André von einen jungen Mann angerempelt und beleidigt.
Dieser junge Mann und André können sich nicht leiden und haben schon seit Jahren kein gutes Verhältnis. Beide verlassen die Disco, um es in Ruhe vor der Tür zu
klären. Währenddessen alarmiert Andrés Freundin Stefan und Tim, weil sie be-
fürchtet, dass es eskalieren könnte.

Vor der Diskothek will André die Sache gerade klären, als von hinten zehn Freunde des Anderen kommen und auf André mit Fäusten und Gürtelschnallen einschlagen. André kann sich nur ducken und sich schützen. In diesen Moment kommen
Stefan und Tim angerannt und schubsen mit viel Schwung die elf überraschten
Angreifer in verschiedene Richtungen. Einige fallen dabei zu Boden oder knallen
gegen Autos und Bäume.

André, Stefan und Tim stellen sich nebeneinander. Sie werden weiterhin von den
elf Personen bedroht, die aber in etwa 15 Meter Abstand stehen bleiben. André
ruft der einen Person zu, dass es nur eine Sache zwischen ihnen beiden wäre. Tim
brüllt, dass sie sich doch einzeln trauen sollten. Und Stefan schreit:

„Kommt doch alle!"

Die elf jungen Männer brüllen und schimpften noch, bis einige von ihnen ihre
Autos holen. Dann fahren die elf Personen weg. Während sie sich entfernen,
schreien sie noch Drohungen aus dem Autofenster.
André, Stefan und Tim organisieren noch, dass ihre Autos weggefahren werden,
weil sie Racheakte fürchten. Es kommt aber nichts mehr nach und diese Geschichte ist nun fast zwei Jahrzehnte her.

*Mut bedeutet nicht, keine Angst zu haben, sondern es ist die
Entscheidung, dass etwas anderes wichtiger ist, als die Angst.
(Ambrose Red Moon)*

Trennt man Opfer und Täter, hat man zwei Unbeteiligte. Unterbrechen Sie den Blickkontakt der Streiter. Trennen Sie beide räumlich, um erneute Gewalthandlungen zu verhindern und emotionale Abkühlung zu schaffen. Am besten ist es, das vermeintliche Opfer herausholen und in einen geschützten Raum bringen.

(<u>Vorsicht:</u> Auch das „Opfer" kann Racheaktionen starten!)

6.1   Der Letzte macht die Tür zu

*Atme einmal tief durch, bevor du zu jemanden sprichst.
Zähle bis zehn, bevor du gegen jemanden die Stimme erhebst.
Schlafe eine Nacht, bevor du jemanden beleidigst.
Warte hundert Jahre, bevor du jemanden zurückschlägst.
(Tim Bärsch)*

Sibylle arbeitete beim Jugendamt einer Großstadt. In ihrem Bezirk lebten eher die Besserverdienenden. Sie musste sich also meist mehr mit Rechtsanwälten und Wohlstandsverwahrlosung als mit Kindeswohlgefährdung auseinandersetzen. Eines Montags bekam sie die Anfrage vom Gesundheitsamt, ob sie dazu kommen könnte. Eine Mutter wurde in einer Psychiatrie untergebracht und die beiden Kinder bräuchten vielleicht Unterstützung. Die Leitung der Bezirksstelle wurde informiert. Sibylle bat um seine Erreichbarkeit, da sie nicht wisse, was sie dort erwarte.

Vor Ort eskalierte die Situation völlig. Die beiden acht- und zwölfjährigen Söhne rasteten aus, bewarfen den Vater und Sibylle mit schweren Gegenständen. Die Leitung der Bezirksstelle war, trotz Zusage, nicht mehr erreichbar. Der Vater bekam den jüngeren Sohn zu packen und hielt ihn in der Küche fest. Der Ältere nahm ein Brotmesser und kam auf seinen Vater und Sibylle zu. Sibylle gelang es, den Jungen in einen anderen Raum zu bringen und machte die Tür zu. Der Junge tobte, aber die Tür wurde fest zu gehalten. Nach kurzer Zeit floh der Junge durch das Fenster. Am nächsten Tag fand ein ruhiges Beratungsgespräch mit der gesamten Familie statt.

6.2   *Der öffentliche Nahverkehr*

Wenn du Menschen erfreuen willst, musst du sie auf ihre Weise erfreuen. (Earl of Chesterfield)

Die Essener U-Bahn fuhr verspätet vom Hauptbahnhof in Richtung Katernberg. Die Bahn war recht voll und auf Grund der Hitze herrschte ein gereizte Stimmung. Ein junger Russe stieg in die Bahn und ging zielstrebig auf einen sitzenden Türken zu. Dieser sollte aufstehen und ihm Platz machen. Der Sitzende blieb aber auf seinem Platz und die Sache eskalierte. Der Russe zog den Türken vom Sitz auf den Boden und schlug auf ihn ein. Die anderen Menschen in der Bahn sahen geschockt zu. Der Student Marcus sprang zu den beiden und schrie den unten liegenden Türken an: „Was soll das! Spinnst du, Achmet! Du hast Bewährung und darfst dir nichts mehr erlauben!" Er zog den Türken am Kragen nach oben und schrie ihn dabei weiter an. In diesem Moment hielt die Bahn. Marcus schubste den jungen Türken aus der Bahn und ging hinterher. Der verdutzte Russe stand immer noch an seinem Platz und die Bahn fuhr weiter.

6.3　Anpacken erlaubt

Tadle nicht, wenn du trösten sollst. (Carl Hilty)

In meiner Sicherheitsdienstzeit hatte ich die Einsatzleitung auf einer „Landjugend-(Bauern-)Party". Der Abend verlief ganz ruhig, bis ein kräftiger 2-Meter-Mann Sitzbänke durch die Gegend schleuderte. Ich zeigte meinem fünfköpfigen Team, dass Sie erst einmal auf ihrem Platz stehen bleiben sollten, ging langsam auf den Mann zu und stand vor ihm. Fast alle Ansätze raten dazu, den aggressiven Menschen <u>nicht</u> zu berühren, weil er es sonst als Angriff deutet. Ich wusste es und trotzdem berührte ich sanft mit meinen offenen Händen seine Schultern. Der Kerl schaute mich an, fing an zu weinen und sackte auf die Knie. Freunde brachten ihn nach Haus. Es stellte sich heraus, dass seine Freundin die Beziehung beendet hatte und er unter großem Alkoholeinfluss nicht damit zurecht kam. Die Berührung führte in diesem Fall zu einer Deeskalation und nicht zu einer Eskalation.

6.4　Nochmal die Tür zu

Man sieht nur mit dem Herzen gut. Das Wesentliche ist für die Augen unsichtbar. (Antoine de Saint-Excupery)

Ich arbeitete in einer Anlaufstelle für junge Menschen, die auf der Straße leben. Gewalt und Drogen waren dort der Alltag. Die Mitarbeiter mussten in Bezug auf Unstimmigkeiten sehr aufmerksam sein. Sonst konnte es schnell zu Eskalationen kommen. Beschimpfungen, Bedrohungen, Schlägereien und Messerattacken gehören nun mal zur Lebenswelt der Besucher und damit auch zu dem Arbeitsalltag in der Anlaufstelle.
Ein 19-jähriger Libanese war trotz seiner schmalen Statur schnell zu provozieren. Er wollte seine „Familienehre" wieder herstellen und sich mit dem Anderen prügeln. Er verlor jedes Mal und war deshalb schon öfter im Krankenhaus. Eines Tages eskalierte es wieder vor der Tür. Ein anderer Besucher der Anlaufstelle wollte sich mit dem Libanesen prügeln. In einer schnellen Aktion schubste ich den Libanesen in die Anlaufstelle, schloss die Tür und stellte meinen Fuß davor. Da beide vor mir Respekt hatten, öffnete niemand die Tür. Die Schlägerei war vorbei.

6.5   *Schulhofprügelei*

*Der Ankylosaurus war am ganzen Körper gepanzert und hatte des-
halb keine natürlichen Feinde – Ausgestorben ist er trotzdem.
(Vince Ebert)*

Die Erzieher, Pädagogen und Lehrer haben eine Verantwortung gegenüber den
Kindern, den erziehungsberechtigten Eltern und der Gesellschaft. Sie sind Vor-
bild und formen an unserer zukünftigen Lebenswelt.

Sich einzumischen ist Pflicht des Privatbürgers und erst recht die Pflicht der dafür
bezahlten Kräfte. Eigensicherung geht aber auch hier immer vor. Zwei vierjährige
Mädchen auseinander zu bringen ist wahrscheinlich ungefährlicher als fünf 16-
jährige junge Männer in einem wilden Gerangel zu stoppen. Zu beachten ist u.a.:

Genau hinsehen, wenn Jungen oder Mädchen sich prügeln. Nicht wegsehen, sondern als Vor-*bild* und/oder Pädagoge persönlich Stellung beziehen.

Achten Sie auf Ihre Sicherheit. Bei Auseinandersetzungen von Jugendgruppen mit
Waffengewalt oder unter Drogeneinfluss ist es lebensgefährlich.

Grenzsetzungen durchsetzen. Keine Angriffe und Drohungen gegen Intervenieren-
de zulassen. Schulterschluss der Pädagogen deutlich machen.

Unter Stress versteht der Mensch keine langen Ansprachen. Deshalb: kurze und
klare Ansagen. Ruhig auch immer wieder den gleichen Satz.

Die Interventions-Maßnahmen erst beenden, wenn die Situation deeskaliert ist.
Ruhe, äußere Ordnung, Körperbesinnung (Rückzug, Sachen richten, auf Atem und
Herzklopfen achten) gewähren.

Der Pädagoge sollte nicht aus dem Kontakt davonschleichen, sondern im Kontakt
bleiben, bis die Situation deeskaliert ist.

Eine Ankündigung sollte keine leere Drohung sein. Sie sollte auch umgesetzt
werden, damit Sie nicht unglaubwürdig werden.

6.6   Mediation

Sie können den Wind nicht ändern, aber Sie können versuchen, die
Segel anders zu setzen. (Deutsche Bootsweisheit)

Mediation (lat. Vermittlung) ist ein strukturiertes freiwilliges Verfahren zur konstruktiven Beilegung oder Vermeidung eines Konfliktes.

> **Bei der Mediation gibt es zwei große Ziele:**
> **Jede Partei sollte denken, dass sie das größere Stück vom Kuchen hat.**
> **Jede Partei sollte der anderen Partei gönnen, dass diese _auch_ zu*frieden* ist.**
> **Oft ist der zweite Punkt schwieriger als der erste Punkt.**

Das Streitschlichterprogramm , welches immer mehr Einzug in deutsche Schulen findet, ist Mediation zwischen Schülern und wird von Schülern organisiert. Es besteht aus fünf Phasen:

1. Persönliche Vorstellung der Streitschlichter und Bekanntgabe der Gesprächsregeln.

2. Darstellung der Einstellungen und Sichtweisen der Konfliktparteien.

3. Durch die Methode des Sendens von Ich-Botschaften und durch die Aufforderung zum aktiven Zuhören sollen die Hintergründe des Konflikts erhellt werden.

4. Jeweils ein Streitschlichter betreut eine Konfliktpartei und sucht mit dieser nach Lösungen. Erwartungen und Angebote an die Adresse des Konfliktgegners werden gesammelt.

5. Die Konfliktparteien einigen sich auf einen oder mehrere Lösungsvorschläge. Die Übereinkunft wird in einem Vertrag niedergeschrieben und von allen Beteiligten unterschrieben.

7   Überraschung

Ein Mann hatte beim abendlichen Heimweg seinen Hausschlüssel verloren. Er suchte und suchte und konnte ihn einfach nicht finden. Seine ausführliche Suche erregte die Aufmerksamkeit seiner Nachbarn, von denen sich einige zu ihm gesellten, um ihm bei der Suche zu helfen. Doch auch ihre Bemühungen waren vergeblich, bis einer von ihnen den Mann fragte, wo ungefähr er glaube, den Schlüssel verloren zu haben. „Ach, das war dort drüben!" sagte der Mann mit verblüffender Sicherheit und wies auf einen dunklen Winkel nahe dem Haus. „Und warum suchen wir dann hier?" fragten erbost die Nachbarn. „Weil es hier hell ist", erwiderte der Mann.

In Deutschland läuft „alles" nach Regeln und Normen. Hier die drei Vorstufen einer DIN (Deutsches Institut für Normung) -Prügelei.

In der **Blick-Stufe (visuellen Phase)** „guckt" sich der Aggressor das Opfer aus und fixiert dieses mit seinen Blicken. Deshalb fühlen sich einige Jugendliche schon durch Blicke angegriffen. Der Spruch „Was guckst Du?!" ist schließlich schon ein Klassiker. Längere Fixierung mit Blicken weist auf Interesse des Guckers hin (z.B. Sex oder Gewalt). Plötzliches Absenken des Blickes wird als Schwäche und damit als Opferhaltung interpretiert. Jetzt weiß der „Jäger" (egal ob er nach einem Sex- oder Gewalt-Opfer sucht), dass er eine „Beute" vor sich hat.

In der **Sprech-Stufe (verbalen Phase)** des Ritualkampfes wird das vermeintliche Opfer „angemacht" und beleidigt. Der Aggressor nähert sich dem Opfer und „plustert" sich durch seine Beschimpfungen auf. Hier wird schon mal angetestet, was das Opfer so „drauf" hat. (Auch hier und in der nächsten Phase könnte man Parallelen zum „Jagdverhalten" eines „Machos" in der Diskothek ziehen.)

In der **Körperkontakt-Stufe (taktilen Phase)** kommt es zu ersten körperlichen Berührungen. Das Opfer wird geschubst, angefasst und/oder geohrfeigt. Die Stärke und die Widerstandskraft des Opfers werden weiter ausgetestet. Der Täter möchte sich weiter aufbauen, sich Mut machen (Adrenalin-Monster) und gleichzeitig sein Opfer runter-machen. Danach kommt es zum eigentlichen Kampf. Nach dem Einsatz von Fäusten, Ellbogen, Knien und Kopfstößen wird das Opfer zu Fall gebracht oder bricht zusammen. Der Abschluss kann durch Tritte am Bo-

den oder durch das Nachschlagen mit Gegenständen erfolgen.
Weicht etwas von dieser Norm ab, führt dies oft zu einer Irritation. Der Ablauf ist
erst einmal unterbrochen und es kann etwas Neues beginnen.

7.1 Den Mann treffen, wo es weh tut

*„Hast du dich aber verändert, Henry! Du warst doch immer so groß,
und jetzt kommst du mir so klein vor. Du warst doch immer so statt-
lich, und jetzt erscheinst du mir so schmal. Du warst doch immer so
blass, und jetzt bist du so braun. Was ist mir dir los, Henry?" Und
Henry sagt: „Ich heiße gar nicht Henry, ich heiße John." - „Ach, deinen Namen hast du auch geändert!"*

In einem Buch für Frauen-Selbstbehauptung wird die Geschichte einer jungen An-
halterin erzählt. Der Fahrer sagt sexistische Sachen und greift der jungen Frau an
ihr Knie. Sie bittet den Fahrer, dass dieser anhalten soll. Doch der Fahrer lacht nur
und fährt weiter. Daraufhin öffnet die Frau das Handschuhfach und das Fenster.
Sie nimmt diverse CDs aus dem Handschuhfach und wirft eine CD aus dem Fenster. „Halten Sie jetzt bitte an!" sagt sie und wirft noch eine CD aus dem Fenster.
Der Fahrer hält an und lässt die Frau aussteigen.

7.2   Heirate mich

*„Was ist die Wahrheit?" „Ganz einfach", sagt die Laborratte, „die
Welt ist ein weißer Raum und Menschen in weißen Kitteln kann man
so dressieren, das sie einem etwas zu essen geben, wenn man bestimmte Knöpfe drückt."*

Christine ist Kunst-Studentin und fährt in Essen oft mit der S- und U-Bahn. Eines
Abends fährt sie wieder mit der 106, als sich drei junge Männer zur ihr setzen. Sie
bekommt einige Sprüche zu hören: „Na Kleine, so alleine unterwegs!?" - „Du bist
aber eine Zuckerpuppe!" - „Zu uns oder zu dir?!" - usw. - usw.
Der Rudelführer der drei Männer ist ein gutausehender, gepflegter, ca. 20-jähriger
Türke. Er lächelt Christine charmant an und fragt: „Und Schätzchen, kannst du dir
vorstellen mit so einem knackigen Typen, wie mir, Sex zu haben?!"
Christine strahlt ihn an und sagt: „Klar, darauf warte ich schon lange. Ich möchte
aber erst, dass du mich heiratest." Dabei steht sie auf und versucht den Ring des
jungen Türken von seiner Hand zu ziehen. „Als Zeichen deiner Liebe möchte ich
jetzt deinen Ring!" Der junge Mann zieht die Hand weg und schaut seine beiden
Kollegen verwirrt an. „Die ist ja total durchgeknallt!" Mit diesen Worten verabschieden sich die drei jungen Männer und Christine sitzt wieder alleine.

7.3   Na klar

*Das Streben nach Sicherheit verhindert die Suche nach dem Sinn. Ein-
zig Unsicherheit ist die Voraussetzung, die den Menschen zur Entfal-
tung seiner Kräfte treibt. (Erich Fromm)*

Manchmal kann ein unerwartetes Zustimmen Ihr Gegenüber aus dem Konzept
bringen. Hier zwei Beispiele:
- **„Sie Lügner!"** „Es stimmt, dass ich manchmal in meinem Leben gelogen habe.
In diesem Fall sage ich ihnen die Wahrheit."
- **„Sie Idiot!"** „Meine Entscheidungen waren nicht immer sehr intelligent. Das
kann ich zugeben. Diese halte ich nach meinem momentanen Wissensstand für die
geeignetste Lösung."

7.4 Sprich Wörter

Alles auf der Welt kommt auf einen gescheiten Einfall und auf einen festen Entschluss an. (Johann Wolfgang von Goethe)

Ein ehemaliger Arbeitskollege verwirrte immer wieder aggressive Menschen, egal ob bei Dienstbesprechungen oder bei Diskussionen mit Jugendgruppen, indem er Sprichwörter falsch zitierte:
„Aggression ist der kleine Bruder des Todes." - „Man sollte nicht alles auf Messers Scheide legen." - „Das nutzt doch gar nichts, auch wenn jetzt alle Lunte geleckt haben." - „Das ist doch das Geld nicht wert, auf dem es gedruckt ist." - „Jetzt hört auf, euch wie Elefanten im Heuhaufen zu benehmen." - „Wenn ihr aufhört, schlagt ihr direkt zwei Katzen mit einem Sack." - „Wir wollen doch niemanden hinters Ohr führen." - „Wir ziehen doch alle am selben Boot."

Die meisten Menschen waren erst einmal verwirrt und es stellte sich eine kurze, stille Pause ein. Der Arbeitskollege sprach dies mit so einer freundlichen Naivität aus, dass selbst Personen, die merkten, dass der Spruch falsch war, ihm das nicht übel nahmen.

Übrigens können falsch angewendete oder erfundene Fremdwörter den gleichen Effekt erzielen. Es kann einem aber auch übel genommen werden und zu einer Eskalation führen.

7.5 Du hier?

Wenn die Welt der Natur perfektionistisch veranlagt wäre, wären wir nach der Theorie von Charles Darvin noch Einzeller.

Ein Seminarteilnehmer aus Hamburg erzählte, dass er bereits zweimal aus brisanten Situationen kam, indem er die Person fragend ansprach. „**Wir kennen uns doch?!**" Dies sagte er mit so einer Überzeugungskraft, dass das Gegenüber verunsichert war. Einmal sind beide noch zusammen ein Bier trinken gegangen. Bis zum Ende des Abends fiel aber keinem ein, woher sie sich kannten. ;-)

7.6   Durch diese hohle Gasse

Kommunikation ist unwahrscheinlich. (Niklas Luhmann)

Der Gassenlauf ist ein Rollenspiel beim Deeskalationstraining. Ein Teilnehmer geht alleine durch eine Gasse, in welcher sich zwei Trainer befinden. Diese beiden Trainer spielen angetrunkene „Bösewichte" und provozieren den Teilnehmer. Diese Übung soll u.a. den Umgang mit dem eigenen Stress schulen und Ideen vermitteln, wie man aus Gewaltsituationen herauskommen kann.

- Mein Kollege Marian Rohde und ich spielten gerade schlecht gelaunte Fußballfans in Gelsenkirchen, als ein älterer Teilnehmer auf uns zu kam. Drei Meter vor uns nahm er plötzlich die Arme über den Kopf, klatsche laut in die Hände und schrie: „Schalke, Schalke, Schalke!" Wir beiden waren erst einmal so verwirrt, dass er ohne Schwierigkeiten an uns vorbei kam.

- Bei einer Fortbildung in Sachsen tanzte eine Lehrerin an uns vorbei. Es hatte etwas von „Riverdance" oder „Lord of the dance" und sah sehr faszinierend aus. Wir waren so perplex, dass zwei weitere Teilnehmerinnen an uns vorbeigingen, bevor wir uns wieder „gefangen" hatten.

7.7   Könnten Sie mir bitte ...

Die Prophezeiung des Ereignisses führt zum Ereignis der Prophezei-
ung. (Paul Watzlawick)

Menschen sind von Natur aus hilfsbereit, auch aggressive. Wenn Sie nach dem Weg fragen oder Hilfe erbitten, kann es die Situation plötzlich erheblich ändern.

Angetrunkene Jugendliche gröhlten im Park und wirkten sehr aggressiv. Ich ging mit Frau und Kind spazieren. Mein Beschützerinstinkt und mein Adrenalin stiegen an. Ich dachte schon: „Dieses Pack, gleich wird meine Tochter wach!" Meine Frau rannte plötzlich zu den Jugendlichen vor. Diese waren dann still und hatten alle den Finger vor dem Mund, als wir an ihnen vorbei gingen. Ich fragte meine Frau erstaunt: „Was hast du denen denn gesagt?" Sie antwortete: „Das unser Kind schläft und ob sie bitte leise sein könnten. Sonst nichts. Wieso?"

7.8   Uhrzeit-Modell

Die ältesten und kürzesten Wörter „ja" und „nein" – erfordern auch
das stärkste Nachdenken. (Pythagoras von Samos)

Die kreative Kommunikations- und Lernexpertin Vera F. Birkenbihl riet in einem
Vortrag, in stressigen Momenten zwei Sekunden auf die Uhr zu schauen.
* Erstens durchbrechen Sie das „normale" Muster des Anderen.
* Zweitens unterbinden Sie kurz den negativen Kontakt zueinander.
* Drittens nehmen Sie sich kurz aus der Situation und können Stress abbauen.

7.9   Hey Olli

Meine Technik ist die Technik des Gegners. (Bruce Lee)

In meiner Securityzeit war ich mal für die Sicherheit im Innenbereich des Stadions bei einem Fußballspiel verantwortlich. In einem Block waren zwei Unruhe-
stifter, die am Zaun standen und meine Mitarbeiterinnen beleidigten und anspuck-
ten. Als ich dort hin ging, gröhlten sie zynisch: „Da kommt der Chef, da kommt
der Chef!"

Ich stand in ca. 5 Metern Abstand, als ich hinter den beiden das grinsende Gesicht
von einen guten Bekannten sah. Ich rief: „Hey Olli, haben die Fans von deinem
Verein keine Manieren!?" Die beiden zuckten total zusammen. Ich redete mit Olli
noch kurz am Zaun und schaute manchmal zu den beiden rüber. Sie waren die
ganze Zeit im Stadion ruhig und beleidigten keine Mitarbeiterinnen mehr.

Wahrscheinlich haben Sie nicht immer einen guten Bekannten bei einer stressigen
Situationen hinter Ihrem Gegenüber. Wenn Sie aber z.B. an aggressiven Menschen
vorbei gehen möchten, kann es sinnvoll sein, einen Bekannten zu rufen. Wenn
diese Menschen Sie provozieren wollen, möchten sie dabei keine unnötigen Zeu-
gen. Außerdem wissen sie nicht, wie viele Personen sich noch in ihrem Rücken
befinden. Bis diese ihre Gedanken wieder sortiert haben, sind Sie schon an ihnen
vorbei.

8 Pack mich besser nicht an

Ansichten sind Äußerungen des Geistes für den Augenblick. Klammert man sich zu fest daran, werden sie zu Vorurteilen. (Wang Fudschih)

Der *gemeine* „Gewalttäter" in der freien Wildbahn mag am liebsten Opfer. Oder er möchte zeigen, dass er der Stärkste ist und sich gegen andere Täter durchsetzen kann. Alles, was nicht in dieses Schema passt, ist dem „Gewalttäter" erst einmal suspekt. (*Was der Bauer nicht kennt, greift er nicht an!*)

These: Sozialarbeiter sind selten Opfer von Gewalttaten.

Verfeinerung der These: Die Anzahl der Angriffe auf Sozialarbeiter ist hoch. Keine Frage! Sie ist nicht mit der Anzahl von Angriffen auf Bänker und Bäcker vergleichbar. Dazu sollte man aber auch das Aufgabengebiet und den Kundenkreis der Sozialarbeiter beachten. Sozialarbeiter verkehren meist mit einem Kundenkreis, in welchem körperliche Gewalt eine ganz „normale" Lösungs- und Durchsetzungsstrategie ist.

Begründung der These: Sozialarbeiter sind keine Opfer, mit denen man sich brüsten kann. Manchmal kann man sie ja auch gebrauchen und sollte sie deshalb nicht verprügeln. Sie sind auch keine Gegner, gegen die man sein Revier verteidigen muss. Sie passen also nicht in das Schema eines Gewalttäters und werden deshalb, trotz ihres gefährlichen Einsatzgebietes, selten angegriffen.

8.1 El Motzi

*Empathie: Den Verstand leer machen und mit dem ganzen Wesen zu-
hören. (Marshall B. Rosenberg)*

Angriff ist manchmal die beste Verteidigung. Eine Kollegin im Anerkennungsjahr
erzählte, dass sie abends oft alleine durch die Stadt geht. Eines Abends, es war bereits dunkel, kamen ihr drei junge Männer entgegen. Diese sprachen sie an und
machten ein- und zweideutige Anmerkungen.
Auf einmal fing die Kollegin an zu motzen. Sie beschwerte sich über die Moral
von heute und über alles, was ihr einfiel. Sie sprach aber nicht direkt mit den
Männern, sondern motzte nur vor sich hin. Die jungen Männer waren verwirrt und
ließen sie in Ruhe. Die Kollegin ging noch einige hundert Meter motzend und
grinsend durch die Straße.

8.2 Schweine-, Vogel- und andere Tiergrippen

*Es sind die Begegnungen mit Menschen, die das Leben lebenswert
machen. (Guy de Maupassant)*

In dem Walt-Disney-Film „Die Hexe und der Zauberer" von 1963 kämpfen die
beiden Titelhelden mit magischen Kräften gegeneinander. Sie verwandeln sich in
immer größer und stärker werdende Wesen. Als die Hexe sich in einen riesigen
Drachen verwandelt, glaubt sie bereits, den Kampf gewonnen zu haben. Doch da
verwandelt sich der Zauberer in etwas sehr Kleines – in den Bazillus einer selte-
nen Krankheit. Und schon muss die Hexe sechs Wochen das Bett hüten und hat
dadurch den Kampf verloren.
Krankheiten sind sehr unbeliebt und auch jeder breitschultrige Riese weiß, dass so
kleine Viren oder Bakterien ihn umhauen können. Menschen, die husten, niesen
und/oder röcheln, sind deshalb auch unbeliebte Gegner. Der kranke Mensch hat
einfach eine Armee von Krankheitserregern auf seiner Seite, gegen die das Gegenüber nicht kämpfen möchte. Kämpfe gegen Krankheitserreger kann man einfach
zu schnell verlieren. Deshalb kann es manchmal sinnvoll sein, sich krank zu stellen (husten, niesen usw.), um deshalb nicht angefasst zu werden.

8.3 Du bist am A....

Die großen Gedanken kommen aus dem Herzen.
(Luc de Clapiers Vauvenargues)

Personen, die sich mit der Hand (*wie Al Bundy*) vorne in den Schritt packen oder in der Hose mit der Hand den Hintern säubern, werden ungern angepackt. Sich mit diesen Menschen zu prügeln, könnte bedeuten, dass man die „dreckigen" Hände des Anderen im eigenen Gesicht haben könnte. Das will nun wirklich niemand. Deshalb kann das offensichtliche Kratzen am Hintern dazu führen, dass sich Personen vor Ihnen ekeln und Sie in Ruhe lassen.

Anders herum kann es aber auch zu Schwierigkeiten kommen, wie z.B. in meiner **Securityzeit**: Vor einem Bierzelt machte ich einen Mann mittleren Alters darauf aufmerksam, dass dies hier nicht die Toilette sei. Der stark alkoholisierte Mann machte seine Hose zu und kam auf mich zu. Er sagte, dass alles in Ordnung sei und er wollte mir seine Hand geben. Ich zögerte und mein Gegenüber fühlte sich beleidigt. Er dachte, ich wollte ihn kränken und er wurde wütend. Ich wollte trotzdem nicht seine Hand, mit welcher er gerade sein Genital angefasst hatte. Für sprachliche Erklärungen war der gute Mann nicht zugänglich. Also ging ich an seine Seite, berührte ihn freundschaftlich mit meiner Hand an der Schulter und lächelte ihn an. Er war *zufrieden* und torkelte wieder in das Bierzelt zurück.

8.4 Ich glaube, ich muss ...

Ab und zu sollten wir auch jene, die nichts Gutes an uns finden, maß-
los enttäuschen. (Ernst Ferstl)

Wenn ich mich schlagen möchte, rechne ich damit, dass es blutig werden kann. Doch ich möchte keine „ekeligen" Flüssigkeiten abbekommen. Versetzen Sie sich mal in die Lage eines Übeltäters, der auf ein Opfer lauert. Und plötzlich fängt das Opfer an zu würgen. Ihr Gegenüber kann sich jeden Moment übergeben und Sie bekommen diese Flüssigkeit ins Gesicht oder auf Ihre Kleidung. Haben Sie dann noch Lust, diese Person zu provozieren **oder** wollen Sie, dass diese verschwindet?! Ein echter oder falscher Würgereiz könnte somit Leben retten.

8.5   Drei Buchstaben

Es ist leichter, einen Atomkern zu teilen als ein Vorurteil.
(Albert Einstein)

Bei einer Gerichtsverhandlung sagte der Geschädigte zu dem jugendlichen Körperverletzer, dass er sich besser untersuchen lassen sollte. Er habe HIV und bei der Schlägerei könnte der Zuschlagende sich angesteckt haben. Der Körperverletzer wurde u.a. zu einem Anti-Gewalt-Training und zu vier Wochen Dauerarrest verurteilt. Doch nach eigenen Angaben war nichts so wirkungsvoll wie dieser Satz des Geschädigten. Die Wochen, bis ausgeschlossen wurde, dass er sich angesteckt hatte, waren sehr lang. Der Täter beschäftigte sich mit seinem Leben und mit dem Thema Verantwortung. Er ist nie wieder gerichtlich in Erscheinung getreten.

Bei Anti-Gewalt-Trainings mit Straftätern erfragte ich immer wieder: „Unter welchen Umständen würdet ihr euch <u>nicht</u> mit dem Gegenüber schlagen?" Ganz oben auf der Skala war immer: „Wenn der Andere Aids oder HIV hat!" Diese Angst könnte man sich in aggressiven Situationen zu Nutze machen. Wenn der Aggressor glaubt, dass man das HIV-Virus in sich trägt, ist die Wahrscheinlichkeit geringer, dass man körperlich angegangen wird.

8.6   Mein Schatz

Wenn man lernt, durch einen Wald zu gehen, hat man lediglich einen
Weg zur Verfügung. Lernt man aber etwas über den Wald, so stehen
einem 1000 Wege offen. (Steve Andreas)

Sibylle ist im Urlaub auf Zypern und genießt das Alleinsein. Als sie nachts am Strand spazieren geht, läuft ihr ein junger Mann mit langen und schmierigen Haaren hinterher. Dieser spricht sie auf englisch und griechisch an. Sibylle möchte gerne weiterhin alleine sein und fängt an, zu sich selbst zu sprechen. Sie spricht mit einer hohen und einer tiefen Stimme wie das Wesen **Gollum** in „Herr der Ringe". Sie tauschst nur einige Sätze mit sich selbst aus und der Langhaarige sucht das Weite.

8.7 Juckt es?

Das Geheimnis des Erfolges ist, den Standpunkt des Anderen zu ver-stehen. (Henry Ford)

Flöhe, Läuse und besonders Krätzemilben sind sehr unbeliebte Lebewesen. Es gibt etwa 2400 Arten von Flöhen, die durch Stiche einen Juckreiz verursachen können. Von Läusen gibt es 3500 Arten. Ihre Eier (Nissen) können sich wunderbar in den Haaren verkleben. Krätze wird durch Milben übertragen, die sich in die Oberhaut bohren und dort in den Kanälen Kot und Eier ablegen. Alle sind kleine Lebewesen, die es lieben, auf und unter Ihrer Haut lang zu kriechen. Bereits während Sie dies lesen, dürfte es Sie ein wenig jucken.

Personen, die sich ständig kratzen, werden in der Regel gemieden. Wer möchte schon Flöhe, Läuse oder Milben haben?! Möchten Sie sich mit einem Menschen nicht mehr unterhalten (egal aus welchem Grund), so kratzen Sie sich. Nach kurzer Zeit wird es die andere Person auch jucken und sie wird versuchen, den Kontakt zu Ihnen zu vermeiden.

8.8 Körper zucken

Langfristig ist man nur erfolgreich, wenn man weiß, warum man erfolgreich ist. (Prof. Dr. Rupert Lay)

In einem Seminar erzählte ein Teilnehmer, dass er in einem Einkaufszentrum von vier Personen angepöbelt wurde. Der Teilnehmer beschreibt sich selbst als sehr ängstlich und sagt, dass er durch eine Körperbehinderung eingeschränkt sei.
Als die Vier ihn ansprachen, zuckte sein ganzer Körper einmal erschreckt zusammen. Die Gruppe schaute überrascht, weil sie mit so einer heftigen Reaktion wohl nicht gerechnet hatte. Der Teilnehmer nahm dies wahr und reagierte sofort. Er zuckte immer wieder mit den Armen, den Beinen und dem Kopf.
Einer der Vier sagte: „Der ist ja behindert!" Danach gingen sie weiter und der Teilnehmer hätte unbeschadet weiter einkaufen können. Doch nach der erfolgreichen Deeskalation wollte er erst einmal nach Hause und sich ausruhen.

8.9   *Heul doch*

Bei Körperverletzung, Raub, Nötigung und Vergewaltigung wird Gewalt ausge-
übt. Taten mit Gewaltausübung sind oft Machtdelikte. In den meisten Fällen
möchte der Aggressor zeigen, dass er der Stärkere ist. Der Täter tankt dabei seine
Energie durch das Verletzen des Opfers auf. Deshalb suchen viele Täter nach Personen, die sie leicht dominieren können. Doch natürlich geht es auch um den eigenen Ruf. Frauen, Kinder, Menschen mit Behinderungen und richtige „Warmdu-
scher-Weicheier" sind bisher noch keine Opfer, mit denen sich ein Täter brüsten
kann. Dieser gibt lieber mit dem breitschultrigen Zwei-Meter-Kerl an, auch wenn
der ein totaler Pazifist ist.

In Gesprächen mit Gewalttätern konnte ich sehr oft eine Hemmschwelle erkennen,
wenn das „Opfer" weinte. Die meisten Gewalttäter konnten mit Blut, Knochen-
brüchen, Schreien und Jammern umgehen. Doch Weinen ist einfach zu viel. Egal,
ob das „Opfer" männlich oder weiblich war. Die meisten Gewalttäter hörten nach
eigenen Angaben auf, wenn sie in das stark verweinte Gesicht sahen. Ein 20-jähri-
ger Gefängnisinsasse (Raub, Körperverletzung) sagte dazu: „Es macht einfach
keinen Bock, so ein Weichei noch weicher zu prügeln!"

Fazit für schwierige Situationen:
Heul doch!
*(Unterstützt durch die Worte meines alten Judo-Lehrers:
„Wer viel weint, muss auch weniger Pipi")*

Dem Denken sind keine Grenzen gesetzt. Man kann denken, wohin und soweit man will. (Ernst Jandl)

Oft kann es besser sein zu fliehen oder sich im „Uhrenkasten" zu verstecken. Den Anderen zu erziehen oder zu ändern, funktioniert in diesen Situationen nicht. Meist muss dazu aber der innere Schweinehund (*der innere coole und stolze Eber-Rüde, der sein Revier verteidigen möchte*) überwunden werden.

Lieber einen Moment uncool, als ein Leben lang tot!

9.1   Und Tschüss

*Wir müssen die Dinge lustiger nehmen, als sie es verdienen, zumal wir
sie lange Zeit ernster genommen haben, als sie es verdienen.
(Friedrich Nietzsche)*

In den Asterix-Comics zeigen die Römerlegionen zum Angriff die schützende
Schildkröten-Taktik. Zum ungeordneten Rückzug benutzen sie die Hasenfuß-Tak-
tik. Die zweite Methode ist beim Angriff der zaubertrankgestärkten Galliern auch
die sinnvollere Variante. Trotz der gewalttätigen Art der Gallier, sind sie die Helden dieser Comics und nicht die fliehenden Römer.

Es wird von den Eltern, den Lehrern und anderen (V)erziehern immer wieder gesagt: **„Lauf doch besser weg. Gewalt ist keine Lösung. “**

Doch wie verhalten sich die Helden aus unserer Kindheit? Ist Mickey Maus vor
Kater Karlo geflohen? Ist Batman weggelaufen, wenn der Joker kam? Hat sich
Spiderman versteckt, wenn der Kobold anflog? Ist der Knight Rider weggefahren,
wenn Gefahr drohte?
Nein, natürlich nicht! Diese Helden laufen nicht weg. Sie weichen nicht zurück
und würden nicht die Straßenseite wechseln, nur weil ihnen aggressive Menschen
entgegen kommen.
Gibt es irgendwelche Helden, die ohne Gewalt die Welt oder die Menschheit retten? Mir fällt spontan keiner ein. *(Sogar Jack Bauer benötigt ein wenig Gewalt.)*

Auch wird Aktivität in unserer Gesellschaft positiver bewertet als Passivität. Was
ist mit Ihnen? Wären Sie lieber Opfer oder Täter? Leider muss ich von mir sagen,
dass ich lieber Täter wäre. Bei Umfragen unter Schauspielern nach dem Film
„Philadelphia“ von 1993 sagten über 90 %, dass sie lieber einen soziophatischen
Kinderschänder als einen HIV-kranken Schwulen spielen würden. Für seinen Mut
und seine Leistung bekam Tom Hanks ja auch seinen ersten Oscar.

Unsere Erziehung, unsere Gesellschaft und unsere Helden haben uns geprägt.
Doch oft ist es weiser, die Straßenseite rechtzeitig zu wechseln. Ein Umweg führt
im manchen Fällen eher zum Ziel.

9.2   Wo hab ich denn?

Fest und stark ist nur der Baum, der unablässig Windstößen ausge-
setzt war, denn im Kampf festigen und verstärken sich seine Wurzeln.
(Lucius Annaeus Seneca)

Sie laufen die Straße entlang und sehen in einiger Entfernung ein paar unangenehme Typen. Schauen Sie auf die Uhr, in die Handtasche oder durchsuchen Sie Ihre
Jackentaschen:

„Wo habe ich es denn nur? Es ist weg. Dann muss ich wohl umkehren.“
Drehen Sie den „Typen“ Ihren Rücken zu und gehen Sie in dem gleichen Tempo,
in dem Sie gekommen sind, wieder die Straße zurück. Das Argument, dass Sie
von hinten niedergeschlagen werden, ist recht schwach. Die Wahrscheinlichkeit ist
mit dem eines Lottogewinnes vergleichbar. (Es sei denn, Sie haben eine persönliche Fehde mit den Typen.) Männer wollen, wie Hunde, nur spielen. Zu diesem
Spielen gehören der direkte Kontakt und auch die Vorphasen, die auf Seite 57 beschrieben wurden.

9.3   Zurück in die Zukunft

Es ist gut, sich aussprechen zu können. Es ist gefährlich, es nicht zu
können. (Hermann Oeser)

In dem Film „Zurück in die Zukunft“ von 1985 gelangt Marty Mcfly (Michael J.
Fox) mit einer Zeitmaschine in das Jahr 1955. Dort trifft er auf den Widersacher
seines Vaters, Biff Tannen (Thomas F. Wilson).
In einer Milchbar geraten die beiden aneinander. Biff ist viel größer und stärker.
Außerdem hat er noch zwei Kollegen dabei. Biff hält Marty am Kragen. In diesem
Moment zeigt Marty überrascht hinter Biff, der sich direkt umdreht. Diese Gele-
genheit nutzt Marty, sich aus dem Griff zu befreien und rennt weg.

Einen ähnlichen Überraschungseffekt können Sie erzielen, wenn Sie der anderen
Person einen Gegenstand zuwerfen. Diese wird den Gegensand höchst wahrscheinlich fangen und kurz selbst perplex sein -> Ihre Fluchtgelegenheit

9.4 Feuer

Vorausschauen: Ein guter Eishockey-Spieler geht dahin, wo der Puck ist. Ein sehr guter Eishockey-Spieler geht dahin, wo der Puck nach dem nächsten Spielzug sein wird. Wir alle wollen sehr gute Eishockey-Spieler sein! (NLP-Wissen)

Dies kennen Sie wahrscheinlich schon. Ich schreibe es trotzdem noch einmal auf.
Rufen Sie in Notsituationen:
„Feuer! Feuer!"
anstelle von „Hilfe". Bei Feuer ist nun mal jedes, und damit auch das eigene, Leben in Gefahr. Deshalb reagieren auch mehr Menschen auf „Feuer".

Wenn Sie Unterstützung möchten, sprechen Sie die Personen direkt an: „Sie da, mit der gelben Jacke, helfen Sie mir." Wenn eine größere Menschenmenge angesprochen wird, kann man viel leichter die Verantwortung abgeben. Wenn man direkt angesprochen wird, ist es viel schwieriger.

Rufen Sie auch ruhig den Notruf. Benutzen Sie Notknöpfe, Notrufsäulen oder Telefone. Auch wenn Sie kein Geld mehr auf Ihrer Handy-Prepaid-Karte haben, funktioniert der Notruf trotzdem. In der Telefonzelle brauchen Sie auch kein Geld, um den Notruf anzurufen.

9.5 Kameraden, aufsitzen!

Wer Beleidigungen mit Hass erwidert und sich an dem Beleidiger rächen will, verbittert sicherlich sein eigenes Leben.
(Baruch de Spinoza)

Neunziger Jahre des letzten Jahrhunderts:
Wir sind Fußballweltmeister
Wir sind vereint (*aber noch nicht Papst*)
Rechte Parteien gewinnen an Zulauf
Vorfälle in Mölln, Solingen und Hoyerswerda sind die Folge

Steven (Name geändert) hält sich für einen „richtigen" Deutschen. Er ist 190 cm groß, blond und blauäugig. Er befindet sich in der Ausbildung zum Polizeibeamten und hat Verbindungen zu Neo-Nazis aus Düsseldorf. Er selbst wohnt eher ländlich am Niederrhein und ist stolz, als seine „tollen" Kameraden zu einer Landjugend-(*Bauern*-)Party mitkommen. Etwa 40 Personen mit kurz geschorenen Haaren und Bomberjacken stehen in einer Gruppe zusammen. Die Atmosphäre ist angespannt. Einige Partygänger rufen die freiwillige Feuerwehr, damit sie sich sicherer fühlen. Frank von der freiwilligen Feuerwehr geht mit einem Bier zu dem jungen Mann, der einem Rädelsführer am nächsten kommt. Er lädt ihn zu einen Bier ein und erklärt ihm, dass die Leute hier Angst vor so einer großen Gruppe haben. Der Neo-Nazi aus Düsseldorf erklärt, das es nicht seine Absicht ist. Also geht er zum DJ, nimmt sich dass Mikrophon und ruft: „Kameraden, aufsitzen!" Die 40 jungen Männer stapfen zu ihren Autos und fahren weg. Steven bleibt traurig, alleine und verlassen zurück. Es kam diesen Abend zu keiner Eskalation.

9.6 *Nochmal die Kurve gekriegt*

Die Menschen sind heutzutage nicht schlechter, als sie früher waren.
Nur die Berichterstattung über ihre Taten ist gründlicher geworden.
(William Faulkner)

Ich arbeitete bereits im sozialen Bereich und gab viele Fortbildungen zu den Themen Selbstverteidigung und -behauptung. Ich besuchte in meiner Heimatstadt eine Messe, auf welcher meine Freundin arbeitete. Dort stritten wir uns kurz über ein paar Kleinigkeiten und wütend ging ich zu Fuß nach Hause. Am Hauptbahnhof überquerte ich eine rote Ampel. Plötzlich rief mir ein Mann in dreckiger Kleidung und mit einer Dose Bier (*noch ohne Dosenpfand*) zu: „Hey, Scheiß Kerl! Was wäre, wenn jetzt da ein Kind wäre!" Er kam auf mich zu. Er war tätowiert, schmierig und roch unangenehm. Ich war immer noch geladen und dachte: „Was will der denn?! Ich bezahle seine Stütze und der macht mich an. Ich arbeite im sozialen Bereich und tue etwas für die Gesellschaft. Und was macht der?! Saufen. Soll er doch kommen." Der „Säufer" kam mit aggressiver Körperhaltung auf mich zu. Irgendwann meldete sich eine weitere Stimme in meinem Kopf: „Was machst du da? Was möchtest du den Jugendlichen vermitteln?" Diesen klaren Moment nutzte ich und rannte den ganzen Weg nach Haus.

Was wir brauchen, sind ein paar verrückte Leute; seht euch an, wohin uns die Normalen gebracht haben. (George Bernard Shaw)

Mehr desselben ist nicht unbedingt besser. Wenn eine Arznei gut anschlägt, wirkt sie nicht doppelt so gut, wenn man die doppelte Menge einnimmt. Wenn sie gar nicht wirkt, wirkt die doppelte Menge wahrscheinlich auch nicht.

Deshalb hilft das Motto:

Wenn etwas nicht funktioniert, versuchen Sie etwas Neues!

10.1 HAWA-MAHAL

Strebe nach Ruhe, aber durch das Gleichgewicht, nicht durch den Stillstand deiner Tätigkeit. (Friedrich von Schiller)

Diese Methode des Autors Tim Bärsch wurde nach dem fünfstöckigen „Palast der Winde" im Geburtsland von Mahatma Gandhi benannt. HAWA-MAHAL besteht aus fünf Einzelkomponenten, die aufeinander aufbauen und zusammen eine strategische Abfolge zur Deeskalation ergeben.

HA: Die Basis dieser Strategie ist Ihre eigene geistige **Ha**ltung, die sich auch in der Körper-*haltung* spiegelt. Auf diesem Fundament fußt die gesamte Methode. Ist das Fundament nicht fest, droht der Einsturz des gesamten Strategiepalastes. Um das Fundament sicher und fest zu haben, sollte Ihre Einstellung gegenüber anderen Menschen offen, ehrlich und wertschätzend sein.

WA: Ihre *Wahr*-nehmung ist entscheidend, um Situationen richtig einschätzen zu können. Auch Ihre *Wahr*-nehmung sollte offen sein und nicht von Vor-*urteilen* geprägt. Versuchen Sie so objektiv wie möglich Situationen einzuschätzen, Ihre Gefühle frühzeitig wahr-zunehmen und Ihr Gegenüber einfühlend zu verstehen.

MA: Sobald Sie in einer Situation sind, sollten Sie verschiedene **ma**chbare Alternativen zur Verfügung haben. Wenn Sie als Werkzeug nur einen Hammer haben, können Sie nur mit Nägeln umgehen. Je mehr Werkzeuge Sie im Werkzeugkoffer zur Verfügung haben, desto mehr „Probleme" können Sie bearbeiten. In der Deeskalation und in der Kommunikation ist dies genau so.

HA: Die **Ha**ltung Ihres Körpers ist ein wichtiger Faktor in der Kommunikation und Deeskalation. Wenigstens 55 % Ihrer Botschaft werden durch Ihren Körper dem Gegenüber mitgeteilt. Da Sie Ihre Körper-*haltung* nie perfekt unter Kontrolle haben, sollte Ihre Geistes-*haltung* wertschätzend sein, um dadurch wiederum eine wertschätzende Köper-*haltung* zu haben.

L: Die oberste Etage dieser Strategie ist die **L**ogik des Inneren, Ihre Intuition oder Ihr Bauchgefühl. Sie verarbeiten unterbewusst wenigstens fünfmal mehr Informationen als bewusst. Ihr Unterbewusstsein hat mehr Informationen als Sie, kann deshalb die Lage besser überblicken und signalisiert diese Informationen durch Gefühle an Sie weiter. Hören Sie deshalb, gerade in Stresssituationen, auf Ihr Bauchgefühl.

10.2   *Flüssiges Brot*

Auch du wirst entdecken, dass viele Wahrheiten, an die wir uns klammern, von unserem persönlichen Standpunkt abhängig sind.
(Jedi-Meister Obi-Wan Kenobi)

Als Security-Mitarbeiter hatte ich bei einem Fußballspiel die Verantwortung für die Nordkurve des Stadions. Mein Einsatzleiter gab mir über Funk durch, dass in einem Block fünf Supporter („Unterstützer" der Heimfußballmannschaft – teilweise gewalttätig) mit Bierflaschen standen. Flaschenbier war in dem Stadion verboten, erstens damit es keine Verletzungen durch das Glas gab und zweitens, weil der Veranstalter Bier verkaufen wollte. Mein Auftrag war es, den fünf Männern das Bier weg zu nehmen. Doch es gibt einige Regeln, die man bei deutschen Männern beachten sollte: **1.** Schlafe nicht mit seiner Frau! **2.** Sage nichts gegen seinen Verein! **3.** Nehme ihm nicht sein Bier weg!

Um eine Eskalation zu vermeiden, ging ich zum Bierwagen und besorgte einige Plastikbecher. Diese brachte ich den Supporters, damit sie ihr Bier umfüllen konnten und ich die Flaschen bekam. Ich beschloss einfach, dass es dem Veranstalter wichtiger war, keine Gewalt im Stadion zu haben als fünf Bier mehr verkauft zu haben. Es gab auf jeden Fall keine Eskalation. Ich bekam kein Lob, aber auch keinen Tadel.

10.3   Anfall als Einfall

Das Recht des Stärkeren ist das stärkste Unrecht.
(Marie von Ebner-Eschenbach)

Mirja ist Lehramtsstudentin für die Primarstufe (*also eine Primi-Maus*). Sie spielt in ihrer Freizeit gerne Theater und besucht eine Weiterbildung zum Thema Theaterpädagogik. Bei einem dieser Termine ist es Aufgabe, diverse Krankheitsbilder zu „spielen". Dabei üben sie auch einen epileptischen Anfall.
Am Abend ist Mirja in der Uni-Café-Kneipen-Diskothek unterwegs. An diesem Abend ist Frauen-Lesben-Schwoof. Drei junge Frauen sehen in Mirja ihr Opfer und drängen sie ohne erkennbaren Grund in eine Ecke. Mirja hat sich noch nie geprügelt und ist völlig überfordert. Da fällt ihr der Nachmittag ein. Sie zuckt, krampft, sabbert und fällt auf den Boden. Keine der drei Frauen berührt Mirja. Sie wird dann von zwei Türsteherinnen gestützt und vor die Tür gebracht. Mirja verabschiedet sich freundlich und feiert woanders weiter.

10.4   Wie bitte?

Wissen Sie, eine der schwierigsten Aufgaben meiner Arbeit ist es, den Irak mit dem Krieg gegen den Terror in Verbindung zu bringen. (George W. Bush)

Bericht von meinem Kollegen Marian Rohde:

„In Diskotheken ist es laut. Oft sogar unerträglich laut. Doch eben diese Lautstärke war es, die mir bei einem Diskobesuch den Abend und vermutlich meine Haut rettete.

Gemeinsam mit einigen Freunden besuchte ich ein Tanzlokal in einer Ruhrgebiets-Großstadt. Wir tranken nicht wenig und so war es irgendwann an der Zeit, Nachschub an Bier von der Theke zu holen.

Ich balancierte also drei Plastikbecher-Biere in jedem Arm und versuchte mich durch die Menschenmenge zu schlängeln, ohne dabei die Getränke zu verschütten. Dies gelang mir sogar relativ gut, bis ein ziemlich großer, breitschultriger Kerl meinen Weg kreuzte und wir gegeneinander stießen. Bier wurde verschüttet und durchnässte die Hose des grimmig dreinblickenden Kerls.

Sofort begann er, mir irgendetwas entgegen zu brüllen, was ich aufgrund der enormen Musiklautstärke allerdings inhaltlich nicht verstand. Also brüllte ich zurück: „Waaas? Ich kann Dich nicht verstehen!" Er brüllte wieder irgendwelche Beschimpfungen und Drohungen in meine Richtung und ich verstand nun, dass er gerne mit mir „vor die Tür gehen" wollte, vermutlich, um mich dort zu verprügeln. Ich hatte also nicht viel zu verlieren, außer meiner „Coolness". Diese war mir in diesem Moment aber herzlich egal, im Vergleich zu meiner körperlichen Unversehrtheit.

Wieder rief ich laut zurück, dass ich ihn nicht verstanden hätte. Er müsse viel lauter sprechen, da ich schwer hörbehindert sei. Ich teilte ihm mit, dass es mir selbst total peinlich sei, aber so eine Behinderung suche man sich ja eben nicht selbst aus.

So ging es ein paar mal hin und her. Er drohte mir, ich entschuldigte mich für meine Schwerhörigkeit, unterstrich immer wieder, dass ich sogar einen Schwerbehindertenausweis hätte, da meine Schwerhörigkeit so ausgeprägt sei.

Nach einer kurzen Zeit verlor der Mann immer mehr seine Lust, mich zu verprügeln. Ob er ein schlechtes Gewissen hatte, einen Schwerbehinderten zu verprügeln oder ob ihm das dauernde Schreien einfach auf die Nerven ging, kann ich nicht beurteilen. Fakt ist aber, dass er von mir abließ und mürrisch seinen Weg weiterging.

So entstand aus einem Zufall, denn ich hatte ihn zunächst wirklich nicht verstanden, die Deeskalation einer bedrohlichen Lage.

10.5 Käsesorten

*Freiheit bedeutet Verantwortlichkeit. Das ist der Grund, weshalb die
meisten Menschen sich vor ihr fürchten. (George Bernard Shaw)*

Mein Lehr(*meist*)er der „konfrontativen Pädagogik", Reiner Gall, gab Jugendlichen in Coolness-Trainings (CT®) immer wieder verschiedene Anregungen, um aus Gewaltsituationen zu kommen. Es wurde u.a. in Rollenspielen geübt, wie ein Jugendlicher „angemacht" wird und dann grübelnd nachfragt:
„Was meinst Du? Ist der Streichkäse von Aldi oder von Lidl besser?"

Wenn diese Fragen nicht überheblich gestellt wurden, stellte sich in den Rollenspielen meist eine kurze Irritation des Aggressors ein. Das Muster war unterbrochen und es entstanden wertvolle Sekunden, die das vermeintliche Opfer nutzen konnte, z.B. zum langsamen Rückzug.

10.6 Maus-Technik

*Aus der Geschichte der Völker können wir lernen, das die Völker aus
der Geschichte nichts gelernt haben. (Georg Wilhelm Hegel)*

Die sonst flinke Maus erstarrt, wenn eine Schlange vorbeikommt. Schlangen sind blitzschnell und die Maus hätte keine Chance, zu entkommen. In erster Linie nehmen einige Schlangenarten Bewegungen wahr und „schlagen" dann zu. Es kann der Maus also das Leben retten, bewegungslos zu bleiben.

Ein Lehrer erzählte in einem Seminar ein Erlebnis aus seiner Studentenzeit. In einer Bar in Münster hatte er die „falschen" Leute zu lange angeschaut. Zu viert umringten sie den Studenten. Einer band sich schon die langen Haare zu einem Zopf und ging in Angriffsposition. Der Student war völlig überfordert. Er sagte später, dass plötzlich sein „Gehirn aus ging". Er erinnerte sich an nichts mehr. Die anderen Besucher der Bar berichteten ihm nachher, dass er völlig regungslos und mit starrem Blick stand. Die Vier provozierten ihn und gaben ihm sogar zwei Backpfeifen. Irgendwann ließen sie von ihm ab und zogen weiter.

10.7   *Reaktionen auf Beleidigungen*

Roboterkonstrukteure wollten ein Fahrzeug konstruieren, das auf einer Fahrbahn selbstständig die Spur halten kann. Dazu musste der Roboter das Spurhalten regelrecht "erlernen". Zunächst versuchten die Konstrukteure dem Roboter möglichst viele richtige Lösungen einzuprogrammieren: Steuerbefehle von erfolgreichen Fahrten, bei denen die Spur gehalten worden war. Doch schon bald zeigte sich, dass die Roboter sehr störanfällig waren und häufig von der Strecke abkamen. Da änderten die Konstrukteure ihr Lernprogramm: Sie ließen den Roboter mehrmals richtig in den Graben fahren und verbanden das mit einem negativen Signal. Anders gesagt: Der Roboter durfte möglichst viel herumprobieren und Fehler machen. Das Ergebnis war eine wesentlich stabilere Selbststeuerung.

Hier einige Ideen, wie man auf Beleidigungen reagieren kann. <u>Vorsicht</u>, es kann dabei auch zu Eskalationen kommen. Gerade, wenn Sie sich dem Anderen überlegen fühlen und dies deshalb non-verbal (nicht-sprachlich) ausdrücken.

Die Haltung spiegelt die Haltung / Der Körper lügt nicht

„Du Brillenschlange!"
- Brille ja, Schlange nein.
- Wenn Du meinst.

„Du bist fett!"
- Stimmt.
- Danke für den Hinweis.

„Hurensohn / Hurentochter"
- Du musst mich verwechseln. Meine Mutter ist Ärztin.
- Meine Mutter hat nichts anderes gelernt.

„Ich fick deine Mutter!"
- Das würdest du nicht sagen, wenn du sie kennen würdest.
- Ich schreib dich auf eine Liste.

„Fick Deine Mutter!"
- Das macht mein Vater.
- Nein, danke. Das möchte ich nicht.

11 Psychisch Kranke

Es gibt Menschen, die haben den Verstand verloren, obwohl sie ihn nie besessen haben. (Therapeutenweisheit)

Menschen mit psychischen Erkrankungen sind keine Monster. Sie sollten von den Gedanken an Hannibal Lector aus „Schweigen der Lämmer" oder „Der rote Drache" ablassen und Ihr Gegenüber **immer** als Mensch sehen.
Kommunikation und Deeskalation funktionieren bei Menschen mit psychischen Erkrankungen nach den gleichen Gesetzen.

Für dieses Kapitel sollten Sie noch wissen, was das ICD 10 ist. Das ICD 10 (International Classification of Diseases and Related Health Problems 10.0) ist laienhaft ausgedrückt ein Krankheitenlexikon. Jede Krankheit wird von der Weltgesundheitsorganisation dort erfasst und bekommt einen Code.

11.1 Psychiatrie

*Man kann aus Bajonetten einen Thron bauen, aber nicht sehr lang
darauf sitzen. (Boris N. Jelzin)*

65 - 95% aller aggressiven Übergriffe von Patienten auf Mitarbeiter **psychiatrischer Einrichtungen** betreffen das Pflegepersonal, wobei der größte Teil dieser Übergriffe auf Akut-Aufnahmestationen stattfindet. Im Rahmen einer Studie zum Thema „Aggression in der Psychiatrie" wurden Pflegende in der Psychiatrie nach den Gründen von Patientenübergriffen befragt. Häufig nannten die Befragten die gleichen Faktoren:
Die Haltung des Pflegepersonals samt des Eindringens in die Intimsphäre der Patienten, Psychopathologie und gestörtes Verhalten, sowie Ängste und Frustrationen der Patienten.
Hier wird ersichtlich, dass aggressives Verhalten von psychiatrischen Patienten auf ein multifaktorielles Geschehen zurückzuführen ist.
Auf der Suche nach Literatur zum Thema „Gewalt in der Psychiatrie" stößt der Leser zumeist auf Hinweise zur Durchführung von Fixierungen, Schutztechniken usw. Hier sollen Faktoren beleuchtet werden, welche dazu beitragen können, Aggressionen im Vorfeld zu entschärfen, sprich präventiv mit Aggressionen und Gewalt auf psychiatrischen Stationen umzugehen.

Die Atmosphäre und das Stationsmilieu spielen eine große Rolle. Verhalten sich Pflegende vorbildlich (Modellernen), herrscht eine klare, wertschätzende und eindeutige Kommunikationsform, werden Grenzen (sowohl des Patienten als auch des Personals) klar aufgezeigt und akzeptiert und Grenzübertretungen in keiner Form toleriert, bestehen geeignete Voraussetzungen für ein gewaltarmes Miteinander auch im sensiblen Bereich einer psychiatrischen Akutstation.

11.2 Demenz

*Man verdirbt einen Jüngling am sichersten, wenn man ihn verleitet,
den Gleichdenkenden höher zu achten als den Andersdenkenden.
(Friedrich Nietzsche)*

Eine **Demenz** (lat. Dementia „ohne Geist" - ICD 10 F00-F03) ist ein Defizit in kognitiven, emotionalen und sozialen Fähigkeiten, das zu einer Beeinträchtigung sozialer und beruflicher Funktionen führt. Bei einigen Formen ist auch die Persönlichkeitsstruktur betroffen. Deshalb können plötzliche Stimmungsschwankungen und Aggressionen auftreten.

Bericht von meinem Kollegen Marian Rohde:
„So arbeitete ich während meiner Krankenpflegeausbildung in einem Altenpflegeheim und war mit der Betreuung eines schwer demenzkranken, etwa 80 Jahre alten Mannes betraut. Die tägliche Körperpflege gestaltete sich als außerordentlich schwierig, da der Bewohner auf körperliche Berührungen stets mit wüsten Beschimpfungen und Schlägen reagierte.
Durch ein Fremdanamnesegespräch mit Angehörigen des Mannes erfuhren wir, dass unser Bewohner vor seiner Pensionierung als Gymnasiallehrer in den Fächern Latein und Deutsch arbeitete.
Von nun an machte ich es mir zur Gewohnheit, einige Zeilen aus dem Tacitus auf Papier zu schreiben und diese dem Herren vor Beginn der Pflegemaßnahme mit dem Wunsch der Übersetzung und Kommentierung in die Hand zu geben. Mit Eifer machte sich der ehemalige Pauker an die Arbeit und war dadurch so gut gelaunt und abgelenkt, dass die Pflege ohne Übergriffe durchgeführt werden konnte."

11.3 *Paranoia*

Ein alter Indianer erzählte seinem Enkel: „In meinem Herzen leben zwei Wölfe. Der eine Wolf ist der Wolf der Dunkelheit, der Ängste, des Misstrauens und der Verzweiflung. Der andere Wolf ist der Wolf des Lichts, der Lust, der Hoffnung, der Lebensfreude und der Liebe. Beide Wölfe kämpfen oft miteinander." „Welcher Wolf gewinnt?", fragte der Enkel. „Der, den ich füttere", sprach der Indianer.

Paranoia (griechisch: „neben" „Verstand"; wörtlich also „neben dem Verstand", „verrückt", „wahnsinnig") ist im engeren Sinn die Bezeichnung für eine psychische Störung, in deren Mittelpunkt Wahnbildungen stehen. Häufiger taucht der Begriff jedoch in seiner adjektivischen Form paranoid auf (ICD 10 F20.0 / F22.0 /

F22.8 / 23.3 / F60.0), der auf Verfolgungsängste oder Verfolgungswahn hinweist. Die Betroffenen leiden an einer verzerrten Wahrnehmung ihrer Umgebung Sie nehmen eine feindselige Haltung gegenüber anderen Personen ein. Die Folgen reichen über ängstliches oder aggressives Misstrauen bis hin zu der Überzeugung, dass Andere sich gegen sie verschwören.

In der Folge „Entgleist" aus der US-Serie „Criminal Minds" werden Fahrgäste eines Zuges von einen Physiker als Geiseln genommen. Dieser glaubt, die Regierung würde ihn verfolgen und dass in seinem Arm ein Überwachungschip eingepflanzt ist.
Der junge Profiler und Psychologe Dr. Spencer Reid (Matthew Gray Gubler) geht in den Zug. Er bestätigt die Aussagen des Physikers und schneidet ihn in den Arm. Dabei bringt er durch einen „Zaubertrick" den Überwachungschip zum Vorschein. Durch diese Aktion wird der Physiker erst einmal beruhigt und es wird Zeit gewonnen.

11.4   Schizophrenie

Es gibt keinen Weg zum Frieden, denn Frieden ist der Weg.
(Mahatma Gandhi)

Als Psychosen des schizophrenen Formenkreises (ICD 10 F20) bezeichnet man Krankheitsbilder, welche durch Störungen der Wahrnehmung, des Denkens, der Ich-funktion, der Affektivität sowie des Antriebs und der Psychomotorik gekennzeichnet sind. Die für die schizophrenen Erkrankungen typischen Symptome Wahn, Halluzinationen und Affektstörungen können unter Umständen aggressives Verhalten begünstigen bzw. sogar auslösen. Auch Verkennungen sind möglich. Möglicherweise (v)erkennt ein Patient Personen als Teufel, Dämonen, Personen des Verfassungsschutzes, Geheimagenten u.ä.

Der deutsche Psychiater Manfred Lütz beschreibt in seinem Buch „Irre! Wir behandeln die Falschen" ein Erlebnis in einer Psychiatrie, als er noch ein junger Arzt war. Dort gab es eine chronisch kranke, schizophrene Frau. Sie war gescheit, etwas skurril, meistens guter Stimmung und sie hörte eine Stimme in ihrem Kopf. Der junge Arzt wollte ihr helfen und nach ausführlicher Diagnostik setzte er die

Dosis ihrer Medizin hoch. Die Stimme, die zu der Frau sprach, verschwand. Und? War die Frau nun glücklicher? Sie wurde wütend und beschimpfte den Arzt. Sie wollte die freundliche Stimme wieder haben. Diese beruhige sie und würde ihr gut tun. Die Dosis der Medizin wurde wieder herabgesetzt und die Stimme kam zurück. Die Patientin war wieder zu*frieden* und nicht mehr aggressiv.
Oft ist es besser, Menschen so zu lassen, wie sie sind. Sie ändern zu wollen, führt meistens zu Schwierigkeiten.

Übrigens: Der heilige Franz von Assisi wäre nach heutigen psychiatrischen Standards höchst wahrscheinlich als schizophren eingestuft und mit Medikamenten ruhig gestellt worden. Die Wunder, die er angeleitet durch die Stimme Gottes, vollbracht hat, wären damit wohl nicht geschehen. Also besser:

Leben und leben lassen

11.5 Manie

Der Verstand kann uns sagen, was wir unterlassen sollen. Aber das Herz kann uns sagen, was wir tun müssen. (Joseph Joubert)

Die Manie (ICD 10F30 / F31.1/2) bezeichnet eine affektive Störung, welche durch gehobene oder reizbare Stimmung, Antriebssteigerung, Rededrang, Distanzlosigkeit, Allmacht- und Größenideen sowie durch Libidosteigerung und sexuelle Enthemmung gekennzeichnet ist. Speziell bei der so genannten „gereizten Manie" stehen Aggressivität, Streitsucht und Gereiztheit im Vordergrund. Aber auch bei anderen maniformen Störungsbildern kann es zu Aggressionen kommen, etwa wenn der Patient in seinem gesteigerten Tatendrang gebremst wird oder wenn die, bei manchen Patienten vorkommende, (sexuelle) Enthemmung zu Konflikten führt.

Konfrontation und strikte Regeleinhaltung können bei aggressiv manischen Menschen schnell zu Eskalationen führen. Hier ist es sehr wichtig, in sich zu ruhen und sich nicht provozieren zu lassen. Es sollte zunächst geschaut werden, welche Regeln auf jeden Fall eingehalten werden müssen. (Alles, was die Sicherheit betrifft.) Und auf welche Regeln man im Akutfall verzichten kann.

11.6 Panikstörung

Lächeln kostet weniger als Strom und gibt mehr Licht. (F. Schmutz)

Anfallsartig und ohne erkennbaren Grund auftretende Angst bezeichnet man als Panikstörung (ICD 10 F41.0). Dies kann auch im Rahmen von Depressionen auftreten. Die Angst des Patienten kann sich gerade in Verbindung mit anderen psychischen Erkrankungen sehr aggressiv auswirken. Diese Angriffe müssen nicht zielgerichtet sein. Somit können andere Personen zum Ziel von Angriffen (etwa im Rahmen von Flucht) werden.
Die Beruhigung des Panikers kann hier lebensrettend sein. Dazu kann von Nutzen sein, zu wissen, wodurch der Anfall ausgelöst wurde. Diesen Auslöser gilt es zu entfernen und dann ruhig und in sicherer Entfernung mit dem Menschen zu reden.

11.7 Drogen

Aus den Steinen, die einem in den Weg gelegt werden, kann man Schönes bauen. (Johann Wolfgang von Goethe)

In dem Buch „Gewaltfreie Kommunikation" von Marshall B. Rosenberg wird eine empathische Deeskalation einer Frau in einer Notschlafstelle für Drogenabhängige beschrieben. Nachdem sie nach 23.00 Uhr einem unter Drogen stehenden Menschen erklärte, dass kein Zimmer mehr frei sei, wurde dieser wütend. Er überwältigte die Frau, setzte sich auf sie und hielt ihr ein Messer an den Hals: „Du Nutte, lüg mich nicht an! Natürlich hast du ein Zimmer für mich!" Sie war kurz davor mit ihm zu diskutieren und sich zu rechtfertigen, als ihr die Grundtechniken aus einem GFK-Seminar einfielen: „Sind sie so wütend, weil sie wollen, dass man Ihnen ein Zimmer gibt?" Dieser erwiderte: „Ich bin vielleicht drogenabhängig, aber bei Gott, ich verdiene Respekt. Ich habe es satt, dass ich von niemandem Respekt bekomme. Ich werde mir Respekt verschaffen!" „Hängt es ihnen zum Hals raus, dass sie nicht den Respekt bekommen, den sie möchten?" Nach diesem Satz wurde das Gespräch entspannter. Der Mann packte das Messer ein und ließ von der Frau ab. Zusammen telefonierten sie andere Schlafmöglichkeiten ab und fanden eine in unmittelbarer Nähe.

11.8 Sexualverbrecher

*Um an die Quelle zu kommen muss, man gegen den Strom schwim-
men. (Konfuzius)*

Auch Sexualverbrecher können menschlich reagieren. Diese Erfahrung hat eine
europäische Studentin in Südafrika gemacht. Der Sexualverbrecher, der sie verge-
waltigen wollte, hatte sie schon hinter Büsche gezerrt, als die Medizinstudentin
zwei Schlüsselsätze sagte: „Stellen sie sich einmal vor, ich wäre ihre Schwester.“
Und als schon dieser Satz eine Wirkung erzielte, fügte die Studentin noch hinzu:
„Was glauben sie wohl, was ihre Mutter dazu sagen und wie sie sich schämen
würde?“ Der potentielle Sexualverbrecher, Mitglied einer ganzen Bande, wurde
daraufhin sogar zum Beschützer seines Opfers. Allerdings musste er den anderen
Tätern vortäuschen, dass seine eigene Vergewaltigungstat noch bevorstand.

11.9 Alkohol

*Phantasie ist wichtiger als Wissen, denn Wissen ist begrenzt.
(Albert Einstein)*

Viele Gewalttaten werden unter Alkoholeinfluss begangen. Zwei von drei Gewalttaten geschehen im Suff. **„Mit viel Alk verliert man die Hemmschwelle, dann
ist alles egal ...“** (Zitat eines Jugendlichen) Aus eigener Erfahrung weiß ich, dass
ich unter Alkoholeinfluss aggressiver bin. Besonders unter Einfluss von härteren
Alkoholgetränken, z.B. Korn, Whisky oder Wodka, bemerkte ich bei mir als Jugendlicher ein höheres Aggressionspotential. Mit Bier kam ich „ganz gut“ zu
Recht. Um als Jugendlicher in weniger Prügeleien verwickelt zu werden, musste
ich mich von zwei Sachen verabschieden: hochprozentigen Alkohol <u>und</u> einigen
„Freunden“.
Menschen reagieren unter Alkoholeinfluss emotionaler und langsamer. Lange Erklärungen, zu viele Informationen und hektische Bewegungen begünstigen eine
Eskalation. Deshalb ist es sinnvoll mit alkoholisierten Personen langsam, klar und
deutlich zu sprechen. Diese dürfen sich aber nicht wie ein kleines Kind behandelt
fühlen.

12 Arbeit

Die Ergebnisse einer EU-weiten Erhebung im Jahre 2000 haben Folgendes ergeben: 4% der europäischen arbeitenden Bevölkerung waren von Übergriffen Dritter, also körperlicher (physischer) Gewalt, betroffen. 9% waren psychischer Gewalt ausgesetzt. Nach Angaben des statistischen Bundesamtes im Jahre 2000 waren das auf Deutschland übertragen: ca. 1,6 Millionen Beschäftigte, die physischer Gewalt ausgesetzt waren und ca. 3,6 Millionen, die psychische Gewalt am Arbeitsplatz erfahren haben.

12.1 Bild dir deine Meinung

Menschen müssen nicht im Bild gewesen sein, um aus dem Rahmen zu
fallen. (Erfahrungsweisheit)

Bildung hat nichts mit der Bild-Zeitung zu tun, aber ein Bild sagt nun mal mehr
als 1000 Worte und der Mensch kann sich über ein Bild das Ereignis besser mer-
ken. Gerade für Pädagogen und Lehrer gibt es viele Möglichkeiten das Gegenüber
im Geiste zu berühren. Dazu ist eine bildliche Sprache oft sinnvoll:

- z.B. konfrontativ Papier zerreißen und die Schnipsel in den Mülleimer
  werfen. „Soviel Müll hast Du mir jetzt erzählt.";
- oder empathisch einen 10 €-Schein zerknüllen und einen gedemütigten
  Menschen fragen: „War dieser Schein vorher mehr wert?"

12.2 Eins plus Eins

Soll den Menschen beigebracht werden, die Wahrheit zu sagen, so
müssen sie auch lernen, sie zu hören. (Samuel Johnson)

Sie kennen bestimmt die Geschichte vom kleinen Fisch **Swimmy**, der sich mit anderen Fischen zu einem Schwarm formierte. Von weitem wirkten sie wie ein
großer Fisch und aus Angst schwammen viele Fressfeinde weg.
Teams, die mit Gewalthandlungen von Kunden rechnen müssen, sollten eine eigene Sicherheitskultur entwickeln. Dies betrifft z.B. die Schaffung von technischen
Voraussetzungen (z.B. Alarmvorrichtung), den Einsatz qualifizierter Mitarbeiter,
ständige Fort- und Weiterbildungen, Supervisionen und die Nachbetreuung von
Mitarbeitern, die Gewalt ausgesetzt waren. Im akuten Fall sollten immer wenigstens zwei Mitarbeiter tätig werden. Der Ruhigere von ihnen kann die unmittelbare
Kommunikation mit dem Aggressor führen. Der andere Mitarbeiter sollte sich de-
zent im Hintergrund halten. Die Strategie gibt dem aktiven Kollegen ein Gefühl
der Sicherheit und ein Einschreiten des unbeteiligten Kollegen ist jederzeit möglich. Zudem ist es sinnvoll, wenn der Kollege, der über eine gute Beziehung zum
Kunden verfügt, eingreift. Eine gute Kommunikation sollte nunmal über die Be-
ziehungsebene erfolgen.

12.3   Besser Vor- als Nachsicht

*Einen Menschen erkennt man daran, wie er sich benimmt, wenn er
sich nicht benehmen muss. (Dirk Dautzenberg)*

Im Vorfeld sollte ein Plan zum Umgang mit Gewaltsituationen überlegt werden. Zudem sollte sich kein Mitarbeiter unüberlegt in eine gefährliche Situation begeben, da auch der eigene Kampfinstinkt ausgelöst werden könnte. Es sollte klar sein, dass bei Eskalationen nicht lange diskutiert wird. Deshalb sollte die Rollenverteilung klar und die Anweisungen kurz und deutlich sein. Für den Eskalationsfall sollten im Team einige Regeln klar sein, z.B.:
  −   Verbot von Witzen und schnippischen Bemerkungen,
  −   Keine Abschweifungen und Diskussionen,
  −   Bestätigen von Informationen durch Wiederholung.
Sprechen Sie auch im Team ab, wann eine Flucht die geeignete Alternative ist. Dies sollte im Ernstfall dann auch gemeinsam durchgeführt werden. Sonst fliehen sechs Kollegen und Zwei sind jetzt erst recht in einer Gefahrensituation.

12.4   Guck doch mal hier

Beurteile nie einen Menschen, bevor Du nicht mindestens einen halben Mond lang seine Mokassins getragen hast. (Indianerwissen)

Gerade in Stressituationen nimmt der Mensch die negativen Aspekte wahr. Lenken Sie die Aufmerksamkeit, den Fokus und die *Wahr*-nehmung von Ihnen und des Gegenübers. Weisen Sie auf Erreichtes und auf positive Aspekte hin. Im NLP wird dies Reframing (Umdeutung) genannt. Die Situation bleibt die Gleiche, nur der Rahmen wird geändert. Hier einige Beispiele:
  •   „Ich kriege das einfach nicht hin!" - „Noch nicht."
  •   „Keiner ist für mich da!" - „Sie sind also sehr stark und selbstständig."
  •   „Niemand möchte mich verstehen!" - „Ich möchte sie verstehen."
  •   „Ich werde gleich jemanden abstechen!" - „Sie sind sehr wütend und möchten etwas ändern."
  •   *„Da ist eine Maus im Keller!"* - *„Wo Mäuse sind, sind keine Ratten."*

12.5 Kaputtes Fenster

In diesem Leben ist jeder mutig, der nicht aufgibt. (Paul McCartney)

Nach der **Broken-Window-Theorie** (engl. zerbrochenes Fenster) sollten Sie sich bereits frühzeitig einschalten, um weitere Eskalationen zu verhindern. Die Broken-Window-Theorie bezeichnet ein Konzept, das beschreibt, wie ein vergleichsweise harmloses Phänomen, z.B. ein zerbrochenes Fenster in einem leerstehenden Haus, später zu völliger Verwahrlosung führen kann:

- Wenn irgendwo Müll liegt, wird Müll dazu geworfen.
- Wenn irgendwo dreckiges Geschirr liegt, wird weiteres dreckiges Geschirr dazugepackt.
- Wenn irgendwo Graffitis gemalt wurden, kommen schnell neue Graffitis dazu.
- Wenn ein Auto beschädigt ist, verleitet es dazu, es noch mehr zu beschädigen.

<u>Deshalb:</u>
Früh eingreifen!
Vorsorge ist besser als Nachsorge! - Prävention vor Intervention!

12.6 Enemy Mine

Wenn der Wind des Wandels weht, baut der eine Mauern, der Andere Windmühlen. (Chinesisches Sprichwort)

Als das System der UdSSR 1991 zusammenbrach, hatte die USA kurzzeitig keinen „richtigen" Feind. Plötzlich wurde das Augenmerk auf die inneren Probleme des Landes gerichtet. Das gefiel einigen Politikern nicht, also wurde zuerst der Irak und dann Al-Kaida als Feind auserkoren. Übrigens wurden beide zu Zeiten der UdSSR von der USA finanziell unterstützt.

So ein gemeinsamer Feind stärkt den Zusammenhalt und andere Schwierigkeiten geraten eher in den Hintergrund. Bei meiner Arbeit beim Jugendamt verwies ich mit Freude auf den gemeinsamen Feind – die deutsche Bürokratie. Dies schaffte meist eine bessere Kooperationsbereitschaft, auch bei aggressiven Kunden.

12.7   divede et impera

divide et impera (lat. für teile und herrsche) ist eine Redewendung und bedeutet, einen Gegner in Untergruppen aufzuspalten, die leichter besiegt werden können. Sunzi (um 500 v. Chr.) beschreibt „Teile und herrsche" als eine Strategie der chinesischen Kriegskunst.

Wenn Sie mit einer Person reden, kann es hilfreich sein, sein Verhalten und ihn als Mensch zu trennen. Ansonsten nehmen Sie viele Sachen persönlich und es kommt eher zu Konflikten.

Im Idealfall denken Sie über Ihr Gegenüber:
„Ich mag ihn als Menschen,
bestimmte Verhaltensweisen von ihm kann ich aber nicht dulden!"

So ist es mir möglich mit Drogenabhängigen, Schlägern und Mördern zu reden und mit ihnen pädagogisch zu arbeiten. Mit dieser Einstellung können auch einige Therapeuten mit Pädophilen arbeiten. Hier ist <u>noch</u> meine Grenze.

12.8   Amtsschimmel

Woher der Begriff „Amtsschimmel" kommt, ist strittig. Vielleicht von dem Schimmelbezug der alten Akten oder weil amtliche Akten früher in der Schweiz immer mit berittenen Boten überbracht wurden.

Eva arbeitet beim Jugendamt einer Großstadt. Durch die Inobhutnahme (Bildzeitungs- und RTL-Deutsch: „Kinderklau") eines Kindes ist die Mutter sehr aggressiv. Sie greift Eva immer wieder verbal an und versucht sie zu provozieren. Alles

Verständnis für die Situation scheint nichts zu bewirken.

Da besteigt Eva den „Amtsschimmel". Sie verweist auf das Kinder- und Jugend-hilfegesetz und das Bürgerliche Gesetzbuch. Sie zitiert teilweise aus dem Gesetz, nennt die Paragraphen und legt der Mutter einige Texte vor.

Eva berichtete, dass sie es dadurch schaffte, dass es keine persönliche Sache mehr wurde. Die Mutter war zuerst wütend auf die Mitarbeiterin des Jugendamtes. Durch die Paragraphen stellte sich eine gewisse Ohn(e)-macht der Mutter ein. Sie war zwar weiterhin traurig und wütend, aber nicht mehr auf die Sachbearbeiterin. Dadurch war eine Kooperation möglich und das Kind war innerhalb weniger Tage wieder bei der Mutter. Auch eine weitere Zusammenarbeit war möglich und ver-lief erfolgreich.

12.9 Addition von Brüchen

> *Der eine wartet, dass die Zeit sich wandelt, der andere packt sie kräf-*
> *tig an - und handelt. (Dante Alighieri)*

Wenn man Brüche addieren (Bruch plus Bruch) möchte, muss man zuerst den ge-meinsamen Nenner (Zahl unter dem Bruchstrich) finden. Dann kann man die Zäh-ler (Zahlen über dem Bruchstrich) addieren.

Wenn Sie Ihre Kräfte mit den Kräften einer anderen Person addieren möchten, sollten Sie zuerst den gemeinsamen Nenner, die gemeinsamen **Ziele**, finden. Dazu sind **Selbst-kenntnis** und **Ehrlichkeit** notwendig:

Selbst-kenntnis ist wichtig, um die eigenen Bedürfnisse zu kennen. Was wollen Sie? Welche Bedürfnisse haben Sie? (<u>Nicht</u>: Welchen Standpunkt haben Sie?) Mit welchen Kompromissen können Sie leben?

Ehrlichkeit ist nötig, um dies dem Gegenüber mitzuteilen. Nur wenn alle Parteien ihre Bedürfnisse und Kompromissgrenzen offen legen, kann eine sinnvolle Zielar-beit stattfinden. (*Deshalb funktioniert die deutsche Politik auch nicht.*)

13 Grenzen setzen

Deine Zukunft ist, wozu du sie machen willst. Zukunft heißt „wollen“.
(Patrick Victor Martindale White)

Regelverstöße sind das Ergebnis einer Kosten-Nutzen-Rechnung. Dies kann offen, heimlich, bewusst oder unbewusst ablaufen. Wir verstoßen auch ständig gegen Regeln, wenn der Nutzen größer ist als die Kosten. Ich fahre z.B. auf der Autobahn bis zu 20 km/h schneller als erlaubt, weil ich schneller voran komme, selten geblitzt werde und wenn doch, nicht mit einer Führerscheinsperre zu rechnen habe.

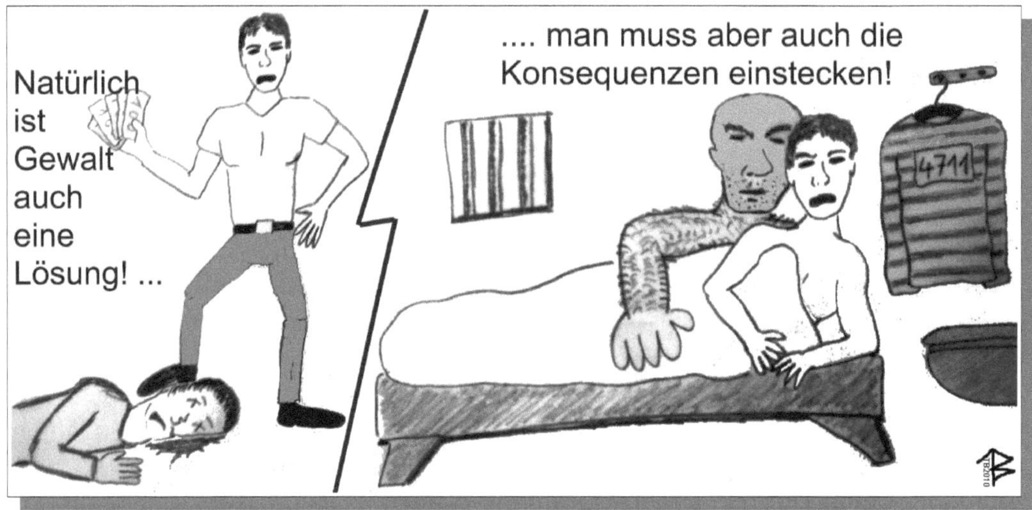

Ziel bei einer Grenzsetzung ist es, die Kosten höher zu treiben und den Nutzen zu minimieren. <u>Wichtig:</u> Gerade **Stolz** und **Aufmerksamkeit** sind hohe Punktzahlen auf der Nutzenskala. (*„Lieber aufrecht sterben als kniend leben.“*)

Teilweise können wir auf den ersten Blick den Nutzen für den Anderen nicht sehen. Das **Eisbergmodell** erklärt, warum es nicht immer so klar für uns ist. Nach diesem Modell ist ein kleiner Teil des Berges sichtbar und der viel größere Teil ist unter der Oberfläche. Also sind für uns viele Verhaltensweisen von Anderen gar nicht erklärbar, weil wir die Information unter der Oberfläche nicht besitzen.

13.1 Glasklar und nicht eiskalt

Alles, was man zur Verbesserung tun kann, lohnt sich auch unperfekt zu tun. Perfektion ist Sache der Götter. (NLP-Wissen)

Bericht von Petra:

„Ich arbeitete als Sozialarbeiterin in einer Anlaufstelle für Jugendliche, die sich hauptsächlich auf der Straße aufhalten. Die meisten konsumieren alle möglichen Drogen und begehen diverse Straftaten wie Diebstähle, Beförderungserschleichungen („Schwarzfahren"), Dealen und Körperverletzungen. Wir arbeiteten in einem Team von sechs Personen, jeweils in Zweierteams mit verschiedener Besetzung. Es gab einige Regeln, die für alle Mitarbeiter und Besucher klar waren. Dann gab es aber auch viele Regeln, die nicht für alle klar waren und unterschiedlich gehandhabt wurden. Deshalb gab es oft anstrengende Diskussionen mit den Jugendlichen.

Im Rahmen eines Teamtages erarbeiteten wir alle Regeln und schrieben diese nieder. Das Team verpflichtete sich alle Regeln zu beachten und auch gegebenenfalls mit Sanktionen zu belegen. Jeder Mitarbeiter darf u.a. ein sofortiges Hausverbot ohne Rücksprache mit dem Team aussprechen. Längere Hausverbote sind immer eine Teamentscheidung. Das Motto unserer Regeln war:

„Klare Linie mit Herz"

Die Vorteile der klaren Regeln und Sanktionen sind:
* Eine klare Regel muss im Konflikt nicht mehr begründet werden.
* Es gab nur noch wenige und kurze Diskussionen über Regeln.
* Regeln definieren auch gewünschtes Verhalten.
* Regeln „entpersonalisieren" den Konflikt.
* Regeln schaffen Handlungssicherheit und Klarheit für alle Beteiligten."

Damit Eltern nach dem Motto „Klare Linie mit Herz"
auch mal kurz zur Ruhe kommen können,
empfiehlt der Autor Jan Weiler dieses Türschild:
„Bitte lasst mich kurz in Ruhe, außer es gibt Essen oder es blutet!"

13.2   Richter mit Pfeife

Ich setze weiter auf Ahimsa, auf die Politik der Gewaltlosigkeit. Es gibt für uns gar keine andere Option. Zu vergeben lernen ist sinnvoller, als jemanden umzubringen - gerade wenn die Provokation extrem ist. (Dalai-Lama)

Bericht von Thomas M. aus Leipzig:

„Schon als junger Erwachsener engagierte ich mich als Schiedsrichter bei Fußballspielen. Am Anfang war ich mir bei verschiedenen Entscheidungen unsicher. Nachdem ich von einigen Spielern schon zur Schnecke gemacht worden war, stieg meine Unsicherheit. Ich beging sogar den schlimmen Fehler, einige Entscheidungen im Nachhinein zurück zu nehmen. Ich hatte das Gefühl, dass die Anzahl der Fouls ständig stieg und mir das Ruder immer mehr aus der Hand genommen wurde. Ich verlor mehr und mehr das Interesse an dieser Tätigkeit und pfiff immer weniger Spiele. Die Presse stürzte sich gerade auf bestechliche Schiedsrichter, als ein Trainer nach einem verlorenen Spiel zu mir kam und mich beschimpfte. Er zeigte anhand von Videoaufnahmen, dass ich mehrere Entscheidungen zu Ungunsten seiner Mannschaft getroffen hatte und seiner Meinung nach bestechlich sei. Dieser Vorwurf traf mich schwer.

Ich fing an mit Bekannten über dieses Thema zu reden, las Bücher über Kommunikation und besuchte zwei VHS-Kurse (ein Kurs war genial, der Andere Zeit- und Geldverschwendung). Ich ließ meine Freundin bei Spielen Videoaufnahmen von mir machen und erschrak. Ein Körpersprachtrainer hätte mich ohne Änderung als schlechtes Beispiel nehmen können. Ich sah aus wie ein kleines Mädchen, welches Angst hat, ihre erste große Liebe anzusprechen. Ich arbeitete hart an meiner Einstellung und an meiner Körpersprache. Trotzdem taten auch einige spätere Videoaufnahmen noch sehr weh.

Seit zwei Jahren fühle ich mich wieder wohl in meiner Haut als Schiedsrichter. Meiner Meinung nach sind meine Entscheidungen nicht immer richtig, aber nach bestem Wissen und Gewissen – und vor allem klar und deutlich. Ich habe nie wieder eine getroffene Entscheidung zurückgenommen und habe den Eindruck, dass es auch weniger Fouls auf dem Spielfeld gibt."

13.3 Hoch und runter

Aus der Theaterpädagogik kommt das Modell der Kommunikations- oder Statuswippe. Status bezeichnet beim Improvisationstheater das Machtgefälle in der Beziehung zwischen zwei Bühnenfiguren. Eine Figur im Hochstatus verhält sich dominant gegenüber einer Figur im Tiefstatus. Eine Figur im Tiefstatus passt ihr Handeln an den Vorgaben des Hochstatus an. Der momentane Status der Figuren zueinander ist erkennbar an Körpersprache, Handlungen und Sprechweise der Spieler.

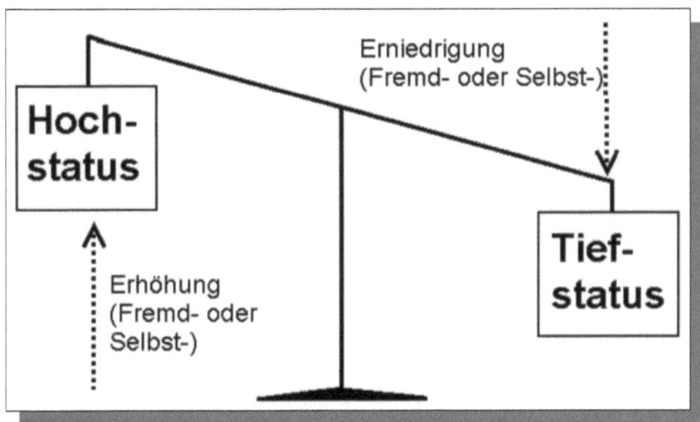

Es ist sinnvoll, mit dem jeweiligen Status zu spielen und bewusst, je nach Situation, mal den Hoch- und mal den Tiefstatus einzunehmen.
Auch das Ziel „Deeskalation" kann von der Einnahme eines bestimmten Status leben. Hier sind Feinfühligkeit und Ausprobieren gefragt. Manch ein aufgebrachter oder gar aggressiver Mensch lässt sich durch bewussten Einsatz des Hochstatus in die Schranken weisen. Bei anderen Kommunikationspartnern bewirkt möglicherweise das Gegenteil die Deeskalation. „Warum soll ich noch weiter ausrasten, er ist ja schon unten", wäre eine mögliche Reaktion auf ein Gegenüber im Tiefstatus. Es gibt keine Patentlösung, wann der Hoch- und wann der Tiefstatus sinnvoll ist. Fakt ist aber, dass wir uns in der täglichen Kommunikation, oft unbewusst, dieser Kanäle bedienen. Durch ein Bewusstmachen und einen gezielten Einsatz lassen sie sich gewinnbringend einsetzen.

13.4 Nur Geduld

Der Andersdenkende ist kein Idiot, er hat sich eben eine andere Wirklichkeit konstruiert. (Paul Watzlawick)

Bericht von Phillip:

„Ich bin Sozialpädagoge in einem Jugendzentrum. Im Anerkennungsjahr war ich erst Anfang 20 und die Jugendlichen (der Älteste war 21 Jahre alt) erkannten mich nicht als Autorität an. Wenn ich ihnen sagte, dass sie die Ques vom Billardtisch ordentlich wegräumen sollten, entstanden immer Diskussionen. Plötzlich ging es soweit, dass ich ein paar Mal beleidigt wurde. Zweimal wurde den Jugendlichen Hausverbot erteilt. Ich dachte, es läge nur an meinem Alter.
Doch dann hatten wir einen Zivildienstleistenden, der zwei Jahre jünger war als ich. Die Jugendlichen akzeptierten ihn als Autorität und befolgten seine Anweisungen. Es gab keine Diskussionen. Da schaute ich, was er anders machte als ich:
- Allgemeine Regeln (z.B. Abendschließung des Jugendzentrums) begründete er nicht.
- Auf dumme Bemerkungen reagierte er nicht. Es wirkte, als höre er sie gar nicht.
- Er blieb solange geduldig auf der Stelle stehen und schaute die Jugendlichen ruhig an, bis sie sich bewegten.

Ich machte es ihm nach und nach kurzer Zeit hatte ich viel weniger Diskussionen. Heute habe ich mittlerweile die Leitung eines Jugendzentrums und die Jugendlichen befolgen zu über 99% meine Anweisungen. Dies liegt nicht nur am höheren Alter."

13.5 Mein Tanzbereich – Dein Tanzbereich

*Furcht ist der Pfad zur dunklen Seite. Furcht führt zu Wut,
Wut führt zu Hass, Hass führt zu unsäglichem Leid.
(Jedi-Meister Yoda)*

Sie kennen den Titel des Kapitels vielleicht als Spruch aus dem Film „Dirty Dancing“ von 1987. Dort sagt es der Tanzlehrer Johnny Castle (Patrick Swayze) zu seiner jungen Schülerin Frances „Baby“ Houseman (Jennifer Grey).

Die Dis-*tanz* zu jemanden kann eine Menge aussagen. Wenn Sie jemanden sympathisch finden, und sie sich näher kommen, so verringert sich auch Ihre Distanz (geistig und körperlich). Sie fühlen sich manchmal zu Leuten hingezogen, sind ihnen „zugeneigt“ oder finden sie attraktiv. Attraktion heißt übersetzt Anziehung.

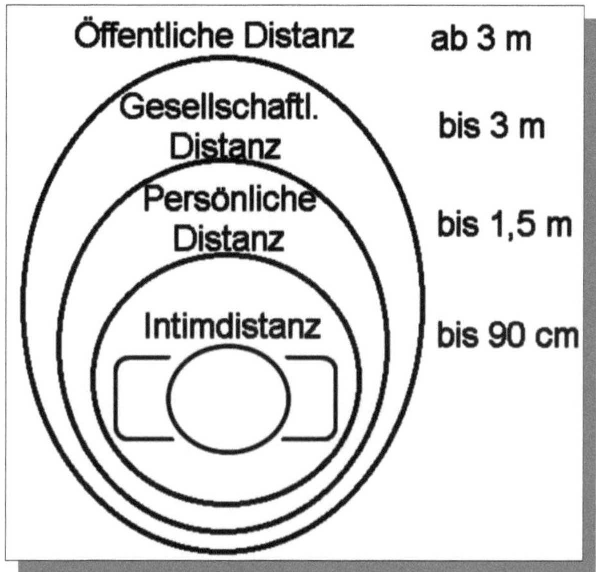

Doch manchmal gibt es Menschen, die ein anderes Distanzgefühl haben. Sie kommen Ihnen näher, als es Ihnen lieb ist. Es gibt drei nicht-sprachliche Stufen, die Distanz zu wahren. (Natürlich dürfen Sie auch Ihre Sprache einsetzen.)

1. Es kommt jemand auf Sie zu von dem Sie wissen, dass er meist Ihre Distanz unterschreitet und Ihnen zu nahe kommt. Schauen Sie einen Augenblick mit großen Augen auf den Punkt, auf dem dieser stehen bleiben soll. Oft bleibt dieser dort stehen.

2. Er kommt Ihnen doch wieder zu Nahe. Nehmen Sie die Hände kurz vor seine Schultern, ohne sie zu berühren. Schieben Sie sich zurück auf die Distanz, bei der Sie sich wohl fühlen.

3. Er hat es immer noch nicht verstanden. Drehen Sie ihm die Schulter zu und sprechen Sie über die Schulter mit ihm.

13.6 VW-Technik

Die Welt hat genug für jedermanns Bedürfnisse, aber nicht für jeder-
manns Gier. (Mahatma Gandhi)

Manfred Prior schreibt (in „MiniMax-Interventionen"):
Formulieren Sie Ihre **V**orwürfe in **W**ünsche um.

Wenn Sie sagen wollen: „Du hast .... !" oder „Sie haben mal wieder nicht ... !" formulieren Sie es zu einem Wunsch um: „Ich wünsche, dass du ... ." oder „Ich fände
es angenehmer, wenn sie in Zukunft ... ."

Dies ermöglicht eine bessere und zielgerichtete Kommunikation.

13.7 Irritation

An bösen Worten, die man ungesagt hinunterschluckt, hat sich noch
niemand den Magen verdorben. (Winston Churchill)

In einem zweitägigen Seminar mit Lehrern aus Förder- und Hauptschulen wurden
Ideen gesammelt, wie man mit übergriffigen Schülern umgeht. Dabei wurden diverse Standard-Vorgehensweisen aufgeschrieben und einige kreative Methoden
entwickelt:

Bei einem Rollenspiel wurde der Schüler überrascht, indem er beglückwünscht
wurde. Man lobte seinen Mut und wollte ein Foto von ihm in Siegerpose. Dieser
konnte es natürlich nicht glauben und zählte auf, warum es nicht angemessen sei,
dass er gelobt wird.

Ein Lehrer erzählte, dass er sich vor einen Schüler legte. Dieser hatte vorher auf
einen Mitschüler eingetreten, der am Boden lag. Der Lehrer führte die ganze Zeit
das Gespräch von da unten und fragte ein paar Mal, ob der Schüler jetzt auch das
„mutige" Verlangen habe, auf ihn einzutreten.

13.8 GFK

Eine Mutter brachte ihren kleinen Sohn zu Mahatma Gandhi. „Bitte, Mahatma", flehte sie. „Sage meinem Sohn, er soll aufhören, Zucker zu essen." Der Mahatma besann sich und sagte: „Gute Frau, komm in zwei Wochen wieder mit deinem Sohn." Verwirrt bedankte sich die Frau und sagte, sie würde tun, wie ihr geheissen. Nach zwei Wochen kam sie wieder mit ihrem Sohn. Gandhi schaute dem Kleinen fest in die Augen und sagte: „Hör auf, Zucker zu essen." Dankbar, aber ziemlich verwundert, fragte die Frau den Mahatma: „Warum sollte ich zwei Wochen warten? Damals hättest du ihm dasselbe sagen können." „Vor zwei Wochen", antwortete Gandhi, „habe ich selbst noch Zucker gegessen."

Das Grundgerüst in der gewaltfreien Kommunikation (GFK) von Marshall B. Rosenberg ist das Vier-Schritte-Modell. Es dient als Leitfaden, um die wichtigsten Elemente einer förderlichen Verständigung zu lernen, ohne jede Art der sprachlichen Manipulation, Bewertung oder Vorwurf, bei der die Gefühle und Bedürfnisse aller gehört werden und ausgedrückt werden dürfen.

1. Schritt: Teilen Sie zunächst Ihre Beobachtungen mit, ohne Auslegungen, Verallgemeinerungen oder Bewertungen.
2. Schritt: Legen Sie Ihre Gefühle ohne Vorwürfe offen dar (nicht Ihre Gedanken).
3. Schritt: Erläutern Sie Ihr Bedürfnis.
4. Schritt: Sprechen Sie eine Bitte möglichst konkret und jetzt durchführbar aus, aber nicht eine Forderung mit möglichen negativen Konsequenzen.

Wichtig sind hierbei die Unterscheidungen:
- Beobachtung & Wertung
  Versuchen Sie klare und objektive Beobachtungen mitzuteilen. Werten Sie dabei nicht. (Wörter wie „dreckig", „unordentlich", „dumm" usw. sind bereits Wertungen.)
- Bitte & Forderung
  Wenn möglich, stellen Sie eine Bitte und keine Forderung. Eine Forderung hat negative Konsequenzen, wenn sie nicht erfüllt wird.

13.9 S.A.V.E.

In der Pädagogik gibt es mehr als genug Weichspüler. Die erfüllen ihren Zweck, doch die Pädagogik benötigt viel mehr Klarspüler.

S.A.V.E. ist eine Methode, die von Marian Rohde und mir hauptsächlich an pädagogische Kräfte vermittelt wird. Wenn eine Person (bei pädagogischen Kräften sind es meist Jugendliche) nicht die Regeln einhält oder eine Anweisung nicht befolgt, kann S.A.V.E angewendet werden. Es sind vier Schritte, die aufeinander folgen. Meist ist bereits bei der zweiten Stufe Ende.

S wie Schallplatte (1. Stufe)

Wenn Sie im letzten Jahrtausend schon Musik gehört haben, dann kennen Sie wahrscheinlich noch die alten Vinyl-Schallplatten. Hatten diese einen Sprung, wiederholte sich immer wieder die gleiche Stelle. Diese Technik machen Sie sich hier zunutze. Sie wiederholen immer wieder den gleichen Satz. Halten Sie es ruhig mal 30 bis 120 Sekunden durch.

<u>Beispiel:</u> Schüler Kevin hat seine Füße auf dem Tisch. Der Lehrer sagt langsam und in ruhiger Tonlage: „Nimm bitte die Füsse vom Tisch. Kevin, nimm die Füsse runter. Bitte die Füsse runter.“

A wie Aufmerksamkeit (2. Stufe)

Jetzt verschaffen Sie sich die Aufmerksamkeit Ihres Gegenübers. Sie nehmen klaren Blickkontakt auf und nähern sich ihm. Ihre Stimme ist jetzt fordernd und ein wenig lauter.

<u>Beispiel:</u> Der Lehrer nähert sich dem Schüler. „Nimm die Füsse runter! Kevin, schau mich an! Nimm die Füsse runter!“

V wie Verantwortung (3. Stufe)

Übergeben Sie nun dem Gegenüber die Verantwortung für sein Handeln. Geben Sie ihm wenigstens zwei Alternativen und gehen dann einen Schritt zurück. So geben Sie ihm mehr Freiraum und er fühlt sich nicht mehr so bedrängt. Nennen Sie die Alternative zum Schluss, die Sie sich wünschen würden.

<u>Beispiel:</u> „Kevin, du hast die Wahl. Möchtest Du heute nachsitzen oder lieber die Füsse vom Tisch nehmen!?“ Dabei geht der Lehrer einen Schritt zurück.

E wie Entscheidung (4. Stufe)

Wenn Ihr Gegenüber die Entscheidung getroffen hat, dann sollten Sie nicht noch einmal nachfragen. Ziehen Sie die Entscheidung durch, auch wenn es für Sie Überstunden bedeutet. Denken Sie deshalb vorher nach, was Sie androhen.

Nach-denken

Erweitern Sie Ihr Blickfeld. Gehen Sie neue Wege. Streben Sie das Unmögliche an. Nehmen Sie den Kampf mit dem Unsterblichen auf!
(David Ogilvy)

Hermann Hesse schrieb, dass „alles Wissen nicht mit einem Schlusspunkt endet – sondern mit einem Fragezeichen." Thorwald Dethlefsen schrieb, dass das „Wissen von heute, die Irrtümer von morgen sind." So dann auch das Wissen dieses Buches. Für mich sind die Informationen dieses Buches aus meiner *„objektiven"* Sicht richtig und wahr. *Doch was bedeutet dies schon?*

Es gibt vier verschiedene Phasen der Fähigkeit „Deeskalieren"
1. Sie haben keine Ahnung, wie man deeskaliert.
2. Sie sehen es bei Anderen oder lesen darüber und bekommen es nicht hin.
3. Sie ahmen Andere nach oder beachten Theorien und machen Ihre Erfahrungen.
4. Sie haben dieses Wissen (andere Personen, Theorie, Erfahrungen) gespeichert und wenden es intuitiv und kreativ in den Situationen an.

Diese Phasen durchlaufen Sie seit Ihrer Geburt immer wieder, wenn Sie eine neue Möglichkeit der Deeskalation kennen lernen. Deshalb ist es sinnvoll, neue Ansätze z.B. in Büchern wie diesem oder bei Lehrgängen kennen zu lernen. Der Mensch denkt etwa 60.000 Gedanken pro Tag. Verschwenden Sie mal ein paar für dieses Thema.

Menschen und ihre Einstellungen sind sehr unterschiedlich. (*Marian Rohde: „Was dem Hindu heilig ist, ist dem Bayer Wurst."*) Dies zu erkennen und es dem Anderen nicht übel zu nehmen, ist schon ein großer Schritt. So haben Sie dann in den verschiedenen Situationen mehrere Möglichkeiten, um zu reagieren.

Je mehr Wahlmöglichkeiten Sie haben,
desto höher ist die Wahrscheinlichkeit,
dass die Situation zu Ihrer Zu-FRIEDEN-heit gelöst werden kann.

Quer- und Um-denken

Unser Kopf ist rund, damit das Denken die Richtung wechseln kann.
(Francis Picabia)

Auf die Fragen: „Was ist richtig?" - „Was ist falsch?" - *„Warum liegt hier eigentlich Stroh rum?"* gibt es keine klaren Antworten. Klar ist nur, dass der Mensch ständig an sich arbeiten sollte und zwar ganzheitlich – an Kopf (Ideen), Herz (Einstellung) und Hand (Körper). Dieses Arbeiten ist ein Training. Sie können entscheiden, was und wie Sie es trainieren.

Arbeiten Sie viel am Bizepsmuskel, so wird dieser größer und stärker. Arbeiten Sie viel mit verschiedenen Sprachen, so wird diese Gehirnregion mehr vernetzt und funktioniert besser. Konzentrieren Sie sich viel auf die positiven Seiten von Menschen, so ändert sich Ihre Haltung (seelisch wie körperlich). Dies kann man mittlerweile wissenschaftlich nachweisen. Die Quelle für positives Denken befindet sich im linken Frontallappen des Gehirns. Die negativen liegen rechts (*Jammerlappen*). Freundliche Gedanken lassen den linken Lappen anwachsen, negative den rechten. Den größten linken *Happy*-Lappen hat man bisher bei einem tibetanischen Mönch gefunden, der sich durch Meditation positive Gedanken gemacht hat.
Dabei ist es völlig egal, an welche positiven Dinge man denkt: Pamela Anderson, Heidi Klum, Angelina Jolie oder Diane Krüger. ;-)
(Bei dem letzten Satz meinte meine Frau, dass ich dies noch um einige Männer ergänzen sollte, z.B. um George Clooney. – Ich bin da anderer Meinung.)

Auf die Dauer nimmt die Seele die Farbe der Gedanken an.
(Marc Aurel)

In Stresssituationen gelassen zu bleiben, ist oft schwierig. Die Natur hat nun mal eingerichtet, dass der kreative Teil des Gehirns dabei nicht so gut durchblutet wird. Deshalb kann man in Stresssituation selten 100% erreichen. Lang- und kurzfristig sollten Sie Methoden (Erleichterungen) finden, die Sie in diesen Momenten nutzen können.

Sie sollten sich dabei über zwei Sachen niemals aufregen:
1. Dinge, die Sie ändern können.
2. Dinge, die Sie <u>nicht</u> ändern können.
Unter die zweite Kategorie fallen auch **<u>alle</u>** Menschen.

Wenn Sie deeskalieren wollen, nur damit es nicht eskaliert, haben Sie wenig Chancen. Das menschliche Gehirn kann das Wort „nicht" nicht nachvollziehen. (Beispiel: Denken Sie 30 Sekunden <u>nicht</u> an ein blaues Krokodil! - Und woran denken Sie?) Wenn Sie deeskalieren, weil Sie sich mit dem Gegenüber friedlich austauschen möchten, um ihre gemeinsamen Potentiale zu erweitern, sieht es schon anders aus. Ihre Chancen auf eine Deeskalation haben sich vervielfacht.

Demonstriert nicht gegen den Krieg, sondern für den Frieden – dann nehme ich daran teil. (Mutter Teresa)

Wenn Sie gegen etwas sind, können Sie nie Ihre gesamte Energie auf das Positive richten. Sagen Sie sich oft: „Ich möchte <u>nicht</u> in Schulden ertrinken." - werden Sie Schulden produzieren, weil ihr Gehirn und das Universum <u>nicht</u> **nicht** kennen. Unternehmen Sie **nur** etwas gegen Gewalt, werden Sie nie Frieden erhalten. Unternehmen Sie **nur** etwas gegen rechtsextreme Gewalt, werden Vor-urteile und Gewalt nicht abnehmen.

Ist es besser, wenn Anti-Faschisten einen Skinhead (Mensch) töten oder wenn Skinheads einen Türken (Mensch) töten? - Wenn Sie zu einer Seite tendieren, sind Sie gegen etwas. Wenn Sie die (oder sogar Ihre) dunkle Seite hassen, befinden Sie sich bereits auf der dunklen Seite der Macht

Das Geheimnis („*the secret*"): Bündeln Sie Ihre Energie für etwas und nicht ge-gen etwas. Da haben Sie viel mehr Kapazitäten zur Verfügung und können mehr erreichen. Es gibt dazu eine Menge Literatur (für Betriebswirte, Pädagogen, Eso-teriker und SF-Fans).

„Ist die dunkle Seite stärker?" - „Nein. Nein... nein. Schneller, leich-ter, verführerischer." (Jedi-Meister Yoda)

Der wahre Zweck eines Buches ist, den Geist hinterrücks zum eigenen Denken zu verleiten. (C. D. Morley)

Da ich (wie immer) weiß, dass dieses Buch nicht vollständig ist und einige Entwicklungsmöglichkeiten hat, verweise ich hier auf weitere Informationen.

Literaturempfehlungen

Zu wissen, was man weiß, und zu wissen, was man tut, das ist Wissen. (Konfuzius)

Bärsch, Tim / Rohde, Marian: **Kommunikative Deeskalation** 148 Seiten Wissen aus den Fachbereichen der Kommunikation, des NLP, der Stressforschung, der Kampfkünste, der Pädagogik, der Neurobiologie und der Psychologie für 9,99 €

Bärsch, Sibylle / Bärsch, Tim: **Theorien zur Gewalt** Forschungs-, Theorie-, Erklärungs- und Präventionsansätze 148 Seiten Wissen über Gewalt und Gewaltprävention für 6 € **Bestellung nur über die Edition Zebra**

Das Buch „Theorien zur Gewalt" und die nachfolgenden Bücher mit Verlagsort Schwerte sind nur über die Edition Zebra der Gewalt Akademie zu bekommen.
Tel.: 02304 – 755190   Fax: 02304 – 755295
Internet: www.gewaltakademie.de
Epost: g.kirchhoff@aej-haus-villigst.de

- Birkenbihl, Vera F.: **Warum wir andere in die Pfanne hauen ...;** Paderborn 2005
- Bohne, Michael: **Feng Shui gegen das Gerümpel im Kopf**; HH 2007
- Feustel, Bert / Komarek, Iris: **NLP-Trainingsprogramm**, München 2006
- GAV (Hrsg.): **Impulse und Übungen - Teil 1 - 3**; Schwerte 1996 – 2007
- Havener, Thorsten: **Ich weiß, was du denkst**; Hamburg 2009
- Karkalis, André / Kernspecht, Keith R.: **Verteidige Dich3**; Burg / Fehmarn 2003
- Küstenmacher, Werner Tiki / Seiwert, Lothar J.: **simplify your life**; München 2004
- Meis, M. S. / Rhode, R.: **Wenn Nervensägen an unseren Nerven sägen;** München 2006
- Pease, A. / Pease, B.: **Die kalte Schulter und der warme Händedruck**; Berlin 2006
- Posselt, Ralf-Erik: **Gewalt löst keine Probleme**; Schwerte 2000
- Prior, Manfred: **MiniMax-Interventionen**; Heidelberg 2007
- Rosenberg, Marshall B.: **Gewaltfreie Kommunikation**; Paderborn 2004
- Schlafhorst, Holger R. u.a.: **Der Umgang mit Menschen**; Ingelheim 2003
- Schulz von Thun, F.: **Miteinander Reden 1 - 3**; Hamburg 2006
- Schwarz, A. A. / Schweppe, R. P.: **Praxisbuch NLP**; München 2007
- Watzlawick, Paul: **Anleitung zum Unglücklichsein;** Münschen 2008

Weiterführende Literatur

- Bandura, Albert: **Aggression**; Stuttgart 1979
- Beaulieu, Danie: **Klimazone Klassenzimmer;** Heidelberg 2008
- Birkenbihl, Vera F.: **Das 30 Tage-Trainings-Programm. Kommunikation und Rhetorik;** München 2003
- Bongartz, Ralf / Meis, Mona Sabine / Rhode, Rudi: **Angriff ... ist die schlechteste Verteidigung**; Paderborn 2003
- Braune-Krickau, Michael / Langmaack, Barbara: **Wie die Gruppe laufen lernt**; Weinheim 1995
- Brinkmann, Heinz U. / Frech, Siegfried / Posselt, Ralf-Erik: **Gewalt zum Thema machen;** Bonn 2008
- Cleese, John / Skynner: **... Familie sein dagegen sehr;** Paderborn 2000

- Fexeus, Henrik: **Die Kunst des Gedankenlesens;** Leipzig 2009
- Gall R. / Kilb R. / Weidner J.: **Konfrontative Pädagogik in der Schule;** Weinheim 2006
- Gerlach, Nicole M.: **Mobbing;** Schwerte 2009
- Gigerenzer, Gerd: **Bauchentscheidungen**; München 2008
- Gilsdorf, R. / Kistner, G. : **Kooperative Abenteuerspiele 1 + 2**; Seelze-Veber 2002/3
- Golemann, Daniel: **Emotionale Intelligenz**; München 1997
- Grabs, Roland: **Sportjugend gegen Gewalt**; Duisburg 1997
- Gruhl, Monika: **Die Strategie der Stehauf-Menschen**; Freiburg 2008
- Gugel, Günther: **Gewalt und Gewaltprävention**; Tübingen 2006
- Havener, T. / Spitzbart. M.: **Denken Sie nicht an einen blauen Elefanten**; Reinbek 2010
- Heckmair, Bernd / Michl, Werner: **Erleben und lernen**; Berlin 1998
- Hees, Katja / Wahl, Klaus: **Täter oder Opfer?**; München 2009
- Hofinger, Gesine (Hrsg.): **Kommunikation in kritischen Situationen**; Frankfurt 2005
- Hücker, Fritz: **Rhetorische Deeskalation**; Nehren 2005
- Hurrelmann, Klaus: **Lebensphase Jugend**; Weinheim 1999
- Jehn, Otto / Kilb, Rainer / Weidner, Jens (Hrsg.): **Gewalt im Griff III**; Weinheim 2003
- Kernspecht, Keith R.: **BlitzDefence - Die Strategie gegen den Schläger;** Burg / Fehmarn 2000
- Kernspecht, Keith R.: **Der Letzte wird der Erste sein**; Burg / Fehmarn 2004
- Ketelsen R. / Schulz M. Zechert C.: **Seelische Krise und Aggressivität**; Bonn 2004
- Kilb, Rainer / Kreft, Dieter / Weidner, Jens (Hrsg.): **Gewalt im Griff I**; Weinheim 1997
- Korn J. / Mücke T.: **Gewalt im Griff 2**; Weinheim 2005
- Kumbier, D. / Schulz von Thun, F. (Hrsg.): **Interkulturelle Kommunikation**; Hamburg 2006
- Lohmann, Friedrich: **Konflikte lösen mit NLP**; Paderborn 2003
- Maeyer, Gregie de / Vanmechelen, Koen: **Juul**; Weinheim 1997
- Müller, Werner: **Spielmann, Clown, Theatermacher**; München 1994

- O´Connor, Joseph / Seymour, John: **Neurolinguistisches Programmieren**; Freiburg 2004
- Richter D.: **Patientenübergriffe auf Mitarbeiter psychiatrischer Kliniken**; Freiburg im Breisgau 1999
- Riederle, Josef: **Kampfesspiele**, Schwerte 2003
- Schubart, W.: **Gewaltprävention in Schule und Jugendhilfe**; Brühl 2000
- Spitzer, Manfred: **Lernen**; München 2007
- Taylor, David: **the naked leader**; Wien 2004
- Weidner, J.: **Anti-Aggressivitäts-Training für Gewalttäter**; Bonn 1997

Internetseiten

Natürlich ist es keine angenehme Sache festzustellen, dass die Leute, die mit einem übereinstimmen, vollkommen wahnsinnig sind. (Philipp K. Dick)

www.aheyer.de
www.axel-dumschat.de
www.baer-sch.de
www.bayern.jugendschutz.de
www.bpb.de
www.coolness-training.de
www.dvnlp.de
www.dv-gp.de
www.ewto-gewaltpraevention.de
www.fassmichnichtan.de
www.faustlos.de
www.flora-silikat.de
www.friedenspaedagogik.de
www.gewaltakademie.de
www.holger-schlafhorst.de
www.idaev.de
www.jugend.essen.de

www.karkalis-pr.com
www.kfn.de
www.konfrontative-paedagogik.de
www.labor-k.de
www.lehrerinfo-bayern.de
www.lidia-bayern.de
www.lions-clubs.de
www.martin-sattler-sv.de
www.prof-jens-weidner.de
www.rabe-deeskalation.de
www.redok.de
www.schulberatung.bayern.de
www.schulen.regensburg.de
www.schulische-gewaltpraevention.de
www.verfassungsschutz.de
www.wingtsunwelt.com
www.wikipedia.de

Autor

Wir wissen wohl, was wir sind, aber wir wissen nicht, was wir sein könnten. (William Shakespeare)

Tim Bärsch

- Mensch mit Jahrgang 1972, Sohn, Enkel, Vater, Ehe- und Mann u.v.m.
- Diplom-Sozialarbeiter / Diplom-Sozialpädagoge
- Anti-Aggressivitäts-, Coolness-, WingTsun- und Deeskalationslehrtrainer
- Systemischer und NLP-Coach (ProC / DVNLP)
- Erfahrungen in den Bereichen Gewaltprävention (alle Altersklassen), Kampfkunst, Sicherheitsdienst, Jugendamt und Erwachsenenbildung

Für Fragen, Anregungen, Kritik, Konzepterstellungen, Mitarbeiterschulungen und Fortbildungsangebote stehe ich Ihnen gerne zur Verfügung.

BaER®-sch Deutschland
Bewältigung **a**ggressiver **E**motionen und **R**eaktionen
Deeskalation, Gewaltprävention und Coaching
Geschäftsführung: Tim Bärsch
Internet: http://www.baer-sch.de
Epost: kontakt@baer-sch.de

Ich wünsche Ihnen,

dass Sie dieses Wissen

nicht in Extremsituationen

anwenden müssen!

Tim Bär-sch

A B S
Aggressions – Bewältigungs - Seite

Weitere Informationen unter www.baer-sch.de

<u>Anleitung:</u>

1. Dieses Blatt kopieren und die Kopie für Punkt 2 bis 5 benutzen.

2. Person, auf die man sauer ist oder Ereignis, welches einen stört, in das freie Feld der Kopie eintragen.

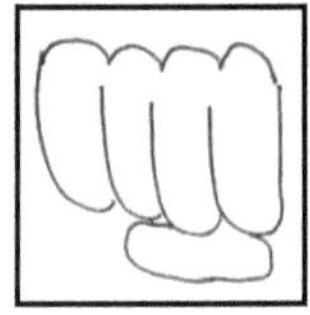

3. Kopie böse anschauen, in der Faust zerknüllen und 5 Sekunden mit aller Kraft zudrücken.

4. Zerknüllte Kopie auf den Tisch pressen und mit beiden Händen 5 Sekunden Druck darauf ausüben.

5. Zerknüllte und zerquetschte Kopie mit aller Kraft gegen die Wand werfen und im Müll entsorgen.